KB151204

인생궤도를 새롭게 탐험하는 당신을
진정한 후기청년으로 추대합니다!

____________ 가 ____________ 님께 드립니다.

4050 후기 청년

4050 후기청년

당신의 진짜 인생이 시작된다

송은주 지음

더난출판

오랫동안 나는 조금만 있으면 인생이,
진짜 인생이 시작될 것이라고 생각했다.
하지만 매번 장애물이 있었다.
먼저 처리해야 할 문제가 있었고,
더 손봐야 할 일이 남아 있었으며,
갚아야 할 빚이 있었다.
진짜 인생을 시작하는 것은 늘 그다음이었다.
그러다 나는 이 장애물들이 바로 내 인생이었음을 깨달았다.

— 알프레드 디 수자

어느 날 문득, "정말 내가 100세까지 살게 될지도?"라는 생각이 스쳤습니다. 89세인 송해 어르신이 경쾌한 비트에 맞춰 툭툭 내뱉듯 스웨그 넘치는 랩을 구사하는 TV 광고를 보던 중이었습니다. '100세 시대'라는 문구는 그저 진부한 표현일 뿐이라 여겨왔는데, 까딱하다가는 정말 앞으로 50~60년을 더 살게 될지도 모를 일입니다.

장수는 인류의 숙원으로 누구나 바라던 바겠지만, 또 다른 한편에서는 10,000미터 완주 코스에 참가해 열심히 7,000미터쯤 달렸는데, 갑자기 결승선이 15,000미터로 늘어났다고 통보받은 마라토너처럼 망연자실한 심정입니다.

큰일 났습니다. 인생을 '거칠고 잔인하고 짧다'고 한 사회철학자 토마스 홉스의 정의가 이제 인생은 '거칠고 잔인하고 길다'로 수정되어야 할 처지입니다. 더 많은 시간이 주어진 것에 대한 축하와 어떻게 이 시기를 흥미진진하게 만들어갈 것인가에 대한 걱정이 교차합니다.

'중년'으로 분류된 이들의 난감함은 막 인생을 시작하는 청년이나 황혼을 누리는 노년과는 비교할 수 없을 만큼 큽니다. 더구나 세간에서 암묵적으로 강제하는 중년의 이미지에는 억울한 꼬리표가 달려 있어 그 난감함을 확대 증폭시키는 데 일조합니다. 예컨대 '중년의 위기'라는 표현이 그러합니다(검색창에 중년을 치면 중년의 위기라는 검색어가 자동 완성되는군요).

이 속설의 기원은 1965년으로 거슬러 올라갑니다. 하도 굳건히 버티고 있기에 유구한 전통인가 했더니 불과 50년 전에 만들어진 것이네요. 평균수명이 60세에 겨우 다다랐던 그 시절, 60세를 맞은 노인들은 장수를 경축하는 의미로 회갑연이라는 잔치를 성대히 치렀습니다(평균수명이 길어진 요즘 회갑연을 여는 60세는 드물지요). 그 당시 한 캐나다의 정신분석가가 중년을 향해 '당신들의 삶은 이제 내리막길만 남았다'고 선언했습니다. 그리고 중년들이 이상행동을 보일 것이라고 진단합니다. 인생에 흥미로운 시절이 다 지나갔음을 자각한 그들이 발악이라도 하듯 무모하게 행동할 것이라며, 이를 '중년의 위기'로 명명한 것입니다.

그러니까 '중년의 위기'라는 속설은, 안정을 추구하며 자유를 일찌감치 포기해버리고 학업을 마치면 직장, 정년이 되면 은퇴하는 세 단계를 삶의 공식으로 여겼던 우리 부모 세대가 40,50대를 거치던 시절에 만들어졌습니다. 그 시대 중년은 설령 자신과 맞지 않는 길임을 깨달았을지언정 선뜻 돌파구를 찾지 못하고 억눌린 성인기를 보내다, 인생 3등분 중 길어야 20년인 마지막 한 등분을 남겨놓자 낭떠러지로 추락할 여지가 있다는 주장입니다.

그렇다면 100세 시대인 오늘의 중년은 어떨까요? 현재 중년의 범주에 속하는 사람들은 20,30대에 '엑스세대'라 불리던 이들입니다. 당시의 청춘들을 향해 세상이, 여태껏 지구상에 존재하지 않던 '이상한 아이들'이 등장했다며 붙여준 별칭입니다. 사춘기를 포기하지 않는 특성을 갖고, 자라기를 거부하는 세대라는 부연설명이 덧붙여졌습니다.

이렇게 이전 세대와는 다르다는 것을 전제로 20,30대를 보낸

이들이 인생의 성숙기를 통과해가고 있습니다. 그동안 세상도 많이 바뀌었습니다. 젊음과 늙음 사이를 가르는 선이 점점 희미해져, 이제 외모나 행동만으로 한눈에 척 누군가의 나이를 알아맞히기란 쉽지 않습니다. 사람들은 '같은 나이, 다른 느낌'을 즐기는 데 익숙해졌으며, 전통적인 연령 개념을 뛰어넘고 있습니다. 나이 자체가 사람들이 자신을 얼마나 젊게 느끼는지에 대한 중요한 결정요인이던 시대가 지나갔습니다.

세계의 다양한 사람들을 관찰하고 연구들을 살펴본 결과, 특히 이 시대 인생 중간지대 진입자들에게서 새로운 기류를 발견할 수 있었습니다. 이들에게는 과거의 중년과는 확연히 다른 양상이 밀물처럼 닥치고 있었으며, 놀랍게도 이들은 이 물결을 만끽하고 있었습니다. '젊음'이라는 단어를 수식하던 열정, 자신감, 에너지가 여전히 팽팽하고, 나아가 네 번의 인생 10주기를 거치면서 얻은 지혜로움과 여유까지 더해진 그들이 빠르게 중년을 물갈이하는 것입니다. 이 물결을 만들어내는 기류는 '후기청년'의 탄생입니다. 후기청년에게는 특별한 에너지가 있으며, 이 에너지는 인생 중간지대에 진입한 이에게서만 나오는 독특한 아우라를 띠고 있습니다. 이제 더 이상 예전의 케케묵은 중년이 아닌 것입니다.

모든 세대는 자기 세대만의 혁명을 합니다. '자라길 거부하는 세대'는 이르자면, 부모 세대의 궤적을 고스란히 답습하거나 삶에 대해 고착화된 관념을 갖지 않은 세대임을 뜻합니다. 구태의연한 '성인의 길'을 거부하거나 늦추고, 자신이 스스로 때가 되었다고 판단할 때 자발적으로 한 걸음 옮기는 후기청년의 영민함을 의미합니다. 요컨대 '자라기를 거부하는 세대'가 아니라, '자랄 시기를 선택하는 세대'인 것입니다. 이는 '미성숙'과는 차원이 다릅니다. 삶을 향한 용기와 진정성이 요구되는 치열한 반란입니다. 엑스세대의 중년은 스스럼없이 종신 사춘기를 지향하며 모든 것이 가능하다는 것을 여전히 지지합니다. 이렇게 과거의 중년상에 머무르지 않고 후기청년으로의 세대 혁명을 자연스럽게 이행하고 있습니다.

한껏 꽃을 피우던 봄을 훌쩍 지나 낙엽을 떨구며 시들어가는 계절이라고 가을에 멜랑콜리만을 강조하는 이들을 향해 알베르 카뮈는 이렇게 가을에 덧씌워진 처연하고 서러운 분위기를 걷어 내버린 바 있습니다. "가을은 모든 잎이 꽃으로 변하는 제2의 봄"이라고! 그렇습니다. 후기청년들은 우리 안에 자리한 모든 이파리를 꽃으로 피우는 중입니다. 이 시대 인생 중간지대 점령자들은 후기청년으로서 특별한 매력을 구사하며 새로운 역사를 쓰기 시작했습니다.

이 책은 중년에 대한 고정관념을 날려버리고 신흥 세력으로 부상한 전 세계 '후기청년'과 그 특별한 에너지의 실체를 살펴봄으로써, 100세 시대를 살아내야 할 우리의 인생 중반기가 풍요로워질 수 있는 묘안에 다가가고자 합니다. 혹여나 여전히 '암울한 중년'이라는 무언의 압력에 핍박(?)받는 당신이라면, 이 책이 당당히 자신만의 후기청년기를 멋지게 창조하기 위한 지렛대가 될 수 있기를 바랍니다. 이미 '강제중년'의 사슬을 끊고 후기청년으로 환승한 당신이라면, 두 팔 벌려 환영합니다!

Contents

머리말 008

1장

중년의 새 이름, 후기청년

진격의 중년 019

지상 최대의 집단최면 026

후기청년의 탄생 039

슈퍼 사춘기 057

2장

전 세계 4050은 어떻게 사는가?

피터팬 제네레이션 069

자신 안의 원톨로지스트 075

미션 임파서블 080

인생 다모작 시대 099

연식 연애 예찬 120

더 나은 세상을 위한 한 발짝 148

미처 못 다한 모험 160

3장

후기청년, 우리의 진짜 인생을 위하여

변화가 끝날 것이라는 착각 179

자신이 만든 굴레 188

그래서 후기청년을 어쩌란 말인가! 208

1장

중년의 새 이름,
후기청년

청춘이란 두려움을 물리치는 용기,

안이함을 뿌리치는 모험심,

그 탁월한 정신력을 뜻하나니

때로는 스무 살 청년보다 예순 살 노인이 더 청춘일 수 있네.

사무엘 울멘

진격의
중년

과거의 '나'가 일깨워준 것

피터 엠쉴러는 56세 되던 해 어느 날, 서랍 깊숙이 오랜 시간 묵혀둔 낡은 비디오테이프를 발견했다. 열여덟 살이었던 1977년에 녹화해둔 테이프였다. 그로부터 38년이 흘렀다. 피터는 갑자기 망치로 머리를 두들겨 맞은 듯 정신이 번쩍 들었다. 그 시절 그토록 야심 차게 준비했던 사춘기 마지막 프로젝트를 어찌 이리도 오랫동안 잊고 살았는지 믿기지 않았다. 하루하루가 전쟁이었고 어느 하루도 사건 없이 지나친 날들이 없던 지난 38년이 이 장대한 프로젝트를 외면하게 했던 것일까.

비디오를 틀자 풍성한 머리카락과 구레나룻(앳된 얼굴과는 살짝 어울리지 않아 보이는)을 뽐내며 눈빛에 호기심을 가득 담은 청년이 누군가를 향해 약간은 오만하게 "당신이 살아온 인생을 풀어놔 보라"며 재촉한다. 18세의 피터가 게스트로 초대한 사람은 다름 아닌 먼 훗날의 피터 자신이다. 18세 피터는 세월의 파도를 따라 변했음이 틀림없는, 그러나 '어떻게' 변했는지는 전혀 알 수 없는 그 특별 게스트로부터 속내를 끄집어내려고 이런저런 질문을 한참 퍼붓는다.

56세 피터는 만감이 교차했다. 웨이브가 살짝 들어간 앞머리가 풍성하게 이마를 감싸던 18세 피터의 모습은 지금의 자신과 사뭇 다르다. 머리카락이 나던 자리인지조차 희미할 만큼 밀려버린 헤어라인, 이중곡선이 생긴 턱, 넉넉한 뱃살에 몸을 점령당한 56세 피터는 18세 피터의 젊고 탄력 있는 신체가 낯설면서도 한편 부러웠다. 무엇보다 56세 피터의 피를 부러움으로 끓게 한 것은 미래의 자신을 이렇게 불러내준 18세 피터의 그 패기였다.

그러나 조금은 다급하고 달뜬 표정으로 온갖 질문을 퍼붓는 비디오 속 젊은이를 향해 유머와 재치를 버무려 대답하는 자신을 발견한 56세 피터는 곧 자신감을 회복했다. 그리고 새로운 프로젝트를 구상하기로 마음먹었다. 18세 피터의 인터뷰 요청에 정식으로 응대하기로 한 것이다. 1977년 당시에 입었던 것과 최대한 비슷한 옷을 찾아 입고 가슴에 '56'이라는 현재 나이를 표시한 명

••• 18세 피터와 56세 피터의 영상대담은 때론 포복절도하게 때론 뭉클하게 인생에서 중요한 일, 사람, 관계, 후회와 열정을 반추하게 한다.

찰을 단 채, 젊은 시절 자신의 인터뷰 요청에 게스트로 출연한 대담 장면을 영상으로 만들기로 했다. 아버지에게 계획을 털어놓자 팔순의 노부는 흔쾌히 영상 촬영을 맡아주었다.

이제 새로운 영상에는 과거의 그와 지금의 그가 서로를 마주하며 38년을 뛰어넘어 서로의 속내를 털어놓기 시작한다. 56세 피터는 18세 피터에게, '언젠가 너는 행복한 결혼을 할 것이고 스노보딩을 즐길 것'이라고 말해준다. 18세 피터가 자신의 미래 배우자에 대해 궁금증을 감추지 못하자 56세 피터는 코를 찡긋하며, "오 마이 갓, 그녀는 이제 갓 열두 살이야. 집적대지 말고 기다려"라고 일침을 가하기도 한다. 18세 피터는 아버지에 대해서도 묻는다. 56세 피터는 아버지와 더 많은 시간을 함께 보내라고 진지하게 충고한다.

영상을 보면서 가슴 한구석이 근질근질해짐을 느꼈다. 상상 속 미래의 자신에게 온갖 궁금증이 담긴 물음을 쏟아내는 18세 피터와 38년 후 마침내 18세 피터의 인터뷰에 응할 용기를 낸 56세 피터의 대담은 때론 포복절도하게, 때론 뭉클하게 인생에서 중요한 일, 사람, 관계, 후회와 열정을 반추하게 했다.

사춘기 시절에 자신의 성인기는 어떻게 펼쳐질까 궁금하지 않은 사람이 누가 있을까. 심지어 자신의 60대 모습도 궁금하다고 이장희가 노래하지 않았는가?

내 나이 육십하고 하나일 때,
난 그땐 어떤 사람일까,
그때도 사랑하는 건 나의 아내 내 아내뿐일까.
그때도 울 수 있고 가슴속엔 꿈이 남아 있을까.

— 이장희, 〈내 나이 육십하고 하나일 때〉

중년 파탈을 꿈꾸며

40대 후반인 지금의 나는 사춘기 때의 나와 다른가? 내가 사춘기 시절에 기대했던 나의 모습과 지금의 모습은 일치하는가? 돌이켜보면 어른이 되어서 무언가를 향해 질주하다가 멋진 세상을 향유하고 가정을 이루고 그렇게 살게 되리라 짐짓 가정했던 것 같다. 그렇다고 그 어린 시절에 특별히 40대니 50대니 하는 나이를 구체적으로 떠올렸을 리는 없다. 다만 일정한 나이가 되면 모든 것을 다 거치고 세상일에 정통하며 무슨 일이든 여유롭게 해결하고 안정과 평온만을 바라며 살고 있으리라 생각했던 듯하다. 머릿속에 그려지는 40대는 아마도 내 어머니의 모습이었을지 모른다. 이미 장성한 자식들을 두고, 매일의 삶은 특별한 꿈이나 거대한 목표를 좇기보다는 살림살이에 정성을 쏟으며 노후를 차근히 기다리는 여느 어머니의 모습.

그런데 말이다. 지금의 나는 내 어머니의 40대와는 사뭇 다르다. 가정을 이루어본 적이 없고 언제든 재미난 사고를 칠 꿈을 꾸며 그런 기회를 호시탐탐 노리고 있으니 말이다. 이런 식이라면 70대가 되든 80대가 되든 내 어머니 세대의 모습과는 영 딴판일지 모르겠다.

이런 생각이 일렁이자 갑자기 머릿속이 찌릿찌릿해졌다. '나도 미래의 내게 인터뷰를 요청해 두어야지' 하는 생각이 번득였다.

20~30년 후쯤의 나는 또 어떻게 살고 있을까? 지금 내가 내린 인생의 결정을 먼 훗날의 나는 후회하고 있을까, 오히려 즐기고 있을까? 몇 개의 질문이 번개처럼 쏟아졌다. 나는 이 계획을 도와줄 친구에게 SOS를 청했다. 또 엉뚱한 짓이냐며 질타하지 않고 내 소소한 일탈에 언제나 기꺼이 맞장구쳐주는 친구다. 그 친구는 한술 더 떠 3부작으로 만들어보자고 한다. 70대, 80대, 90대로 말이다. 우리는 서로의 영상을 촬영해주기로 했다. 그리고 우리가 그 나이가 되었을 때 낄낄거리며 함께 다시 '현재와 과거의 나'가 대담자로 나선 인터뷰 영상을 만들자고 약속했다.

영상을 준비하면서 뜻밖에도 나는 거대한 편견과 마주했다. 내가 그 나이를 통과하는 장본인이고 바로 산 증인인데, 나에게는 이 모든 것을 부정하고 '중년의 삶은 이러저러해야 해', '그저 내리막길에 순응하며 사는 수밖에 없어', '중년은 무기력해'라는 굴레가 덧씌워져 있던 것이다.

중년의 삶이 그러하다고? 나는 어쩌다 이런 프레임의 덫에 걸려들게 됐을까? 내 신체가 예전 같지 않다는 것은 인정한다. 얼굴엔 주름이 보이고 뱃살도 늘었다. 강남대로를 활보하던 20대 시절의 킬힐은 이미 구석에서 빛을 못 본 지 오래다. 그러나 아직도 그때처럼 설레고 흔들리는 내 마음은 어쩌란 것이냐. 이런 생각은 비단 나만의 생각일까? 내 또래 동료들, 친구들은 그렇지 아니한가? 나는 아웃라이어인가? 별종인가?

나는 튀는 삶을 바란 적이 없다. 내향적인 성격 탓에 큰 사고도 못 친다. 소소한 재미는 포기할 수 없지만, 아웃라이어가 할 법한 경천동지할 사건들의 중심에 서본 적도 없다. 나는 그저 내 삶을 살아왔고 앞으로도 그러길 바랄 뿐이다. 그런데도 이 요동치는 마음을 애써 외면한 채 우리 선배가 그랬고 우리 부모가 그러했던 것처럼 고정관념화된 중년의 길을 코뚜레 꿰인 소처럼 느릿느릿 따라가야 하는가?

나는 현재 중년이라 일컬어지는 사람들의 삶이 궁금해졌다. 그리하여 온갖 네트워크를 동원해 자료를 수집했다. 다행히도 우리 또래는 지금도 여전히 찬란하다는 사실에 다시 유쾌해졌다. 이제 그 증거들을 이 시대 내 또래들과 공유하려 한다. 놀랍게도 나와 같은 생각—중년이라는 터무니없는 굴레를 벗어날 때가 되었다는—을 이미 가진 사람들은 많았다. 그들은 그저 목청껏 소리 내지 않아도 자신의 삶을 자신의 방식대로 일구고 즐기는 일이 더 가치 있다고 생각할 뿐이다. 중년 파탈擺脫을 유감없이 만끽하는 중인 것이다.

지상 최대의 집단최면

'중년'의 탄생, 중년의 '위기'

우리에게도 친숙한 작가 알랭 드 보통이 세운 '인생학교'에서는 최근 영국인을 대상으로 '언제 어른이 되었다고 느끼는가'를 조사했다. 대부분 국가에서 통상 18세에서 20세를 성인으로 진입하는 시기라 여기지만, 진짜 어른이 되었다고 스스로 인정하는 나이는 그로부터 9년이 지난 27세 이상이라는 결과가 나왔다. 36세가 되어야 비로소 성인이라는 답변도 10명 중 1명꼴이다. 공식 성인 인증 나이와 자신이 자각하는 성인기 사이에 놓인 이 불완전한 청춘들은 자신을 진짜 어른이 아닌 '어른 수련생'쯤으로 여기는 듯하다. 몸은 빠르게 어른처럼 변해가지만 마음은 예전보다 더 늦게 어른의 길로 들어서는 현상은 비단 영국만의 상황은 아니다.

그렇다면 중년은 언제부터 시작될까? 사전에는 '마흔 살 안팎의 나이. 청년과 노년의 중간'이라고 나온다. 통상 중년의 이정표를 41세로 보고 있다. 중고등학교 때 버스 안내양이 문을 닫고 탕탕 두 번 때리면 출발하던 버스를 타고 다녔다면, 파충류 외계인이 나오는 드라마 〈브이v〉를 보려고 숙제하다 말고 TV 앞으로 모인 경험이 있다면, 이메일도 휴대폰도 페이스북도 GPS도 없던 학창시절을 보냈다면, 아마도 지금 당신은 중년이라고 불릴 것이다.

사실 19세기 후반까지 중년이라는 개념은 존재하지 않았다. 1900년에 평균수명이 47세 정도밖에 되지 않아 청소년기와 노년 사이에 틈이 거의 없었기 때문이다. 선진국의 평균수명이 60대에 이르자 살날을 3등분하여, 성년이 20세에 시작되고 40에 다다르면 3등분의 마지막 한 등분이 남으니 이때부터 삶의 끝을 준비하는 시기로 분류되기 시작했다. 오늘날까지도 '중년' 하면 꼬리표처럼 따라오는 수식어인 '중년의 위기'도 탄생했다. 이 개념은 캐나다의 정신분석가 엘리엇 자크가 1965년에 창안했다. 그에 의하면 중년은 우리가 삶의 유한성에 직면하는 시기로, 감정적으로 장대한 성과를 위한 젊은 시절의 꿈이 점차 사라져가는 시기다. 이 시기를 정점으로 죽음이라는 끝을 향해 사그라지기 시

••• 『남성들이 중년의 위기를 맞으면 사는 차Midlife Crisis Car』라는 책의 표지. '중년 남성, 빨간 색 스포츠카, 젊은 금발 여성'이라는 식의 전형적 '중년의 위기' 코드가 깔려 있다.

작한다는 것이다. 죽음으로 향한다는 절망감이 사람들을 우울하고 희망 없는 상태로 만들며 이제 그야말로 내리막길만 남은 인생에 가슴을 쥐어짜고 우울해지고 발악이라도 하듯 무모하게 행동하기도 한다고 이 시기를 암울하게 정의한다(아이러니하게도 48세에 '중년의 위기'라는 콘셉트를 소개해 이름이 알려진 엘리엇 자크 자신은 그런 한계와 상관없이 살았던 듯하다. 이 시기에 결혼했으며 다수의 기업과 미군의 자문역 등을 맡으며 매우 활발하게 활동했고, 86세에 사망할 때까지 38년간 12권의 책을 썼다).

이 속설은 무언가 새로운 소재를 찾던 할리우드 영화계를 단박에 사로잡았고 이후 단골 모티브가 되었다. 중년기가 생의 다른 단계에 비해 유독 위태로운 기간이라는 개념을 실질적으로 뒷받침하는 뚜렷한 증거가 없었음에도 말이다.

서양 미디어를 통해 형상화한 전형적인 '중년의 위기'라는 신화는 이렇게 응축된다. 어느 날 갑자기 인생에 오직 내리막길만 남았다고 결론 지은 40대의 남자가 직장을 때려치우고 경쾌한 빨간색 스포츠카를 산 다음 아내를 버리고 젊은 여자와 떠난다는 설정이다. 중년여인에 대한 문화적 표상은 더욱 불편하기 그지없었다. 여자의 경우 폐경, 나잇살, 노안 같은 신체적 변화와 함께 장성한 자녀들이 집을 떠나고 남편과는 데면데면해진 사이, 깊은 고독감을 느끼며 더 이상 자신이 여자로서 매력이 없다고 슬퍼하며 말라비틀어진 꽃처럼 생기를 잃고 초라한 자신을 한탄한다는 것이다. 이렇게 '중년 하면 하강곡선이 시작되고, 따라서 위기를 맞는다'는 콘셉트는 지난 50년간 우리 곁에 고착화되었다. 중년에 대한 집단적 최면상태가 만연해진 것이다.

고정관념을 깨는 이론들

그런데 최근 연구들은 '나이에 대한 고정관념에 무언가 극적인 변화가 왔다'는 이슈로 분주하다. 2013년 버락 오바마 미국 대통령의 두 번째 취임식에 미셸 오바마 여사가 뱅 헤어스타일로 등장했을 때 미디어는 일제히 영부인의 헤어스타일에 한마디씩 내놓았다. 취임식 연설 내용보다도 뜨거운 화제가 되었다. 그날에 대해 영부인은 '내 나름대로의 중년의 위기 대응방식'이라며 농담을 던졌다. "새 스포츠카를 가질 수도 없고, 번지 점프를 하는 것도 용납되지 않아 헤어스타일을 바꾸게 됐다"고 말이다. '나이듦에 대한 요즘 중년의 대응 방식', '과거와는 달라진 중년의 행보'라는 주제로 인구에 회자되었다.

몇 년 전부터 블로그스피어에서도 나이와 생애주기에 관한 평범한 사람들의 단상이 화제로 떠오르기 시작했다. 일상 날것의 경험들을 통해, 이전 세대로부터 특정 나이 때 보편적으로 여겨졌던 상황들이 자신과는 사뭇 다르다는 것을 털어놓으며 그게 혼자만의 현상인지 묻고 의견을 공유하는 것이다. 이들에 따르면 오늘날은 40대가 되었다고 해서 생의 내리막길을 의미하지 않는다. 기대수명은 이미 80세를 넘었고 앞으로 더 높아질 것이니, 40대라 해봤자 앞으로 살아갈 날들을 어떻게 가꿀 것인가에 초점을 맞추는 시기로 간주해야 된다는 것이다.

최근의 심리학 연구도 이러한 삶의 단계 변화를 지지한다. 버지니아대학교의 티모시 솔더스 교수에 따르면, 인생 후반전이 시작되는 시점인 중년은 외로움, 절망, 우울, 하강 등이 득세한다는 고정관념과는 반대로, 인생의 새로운 장을 여는 기대와 설렘, 도전과 열정이 나타난다는 다양한 연구결과들이 속속 나타났다. 이 시기에 심적 위기를 겪는 사람은 25퍼센트 미만이며 이러한 위기를 중년기에 접어든 나이 때문이라고 연관 짓는 사람은 불과 10퍼센트 미만이다. 정도는 다르지만, 누구나 살아가면서 파란만장한 우여곡절을 겪는다. 특히 이 시기에 직면하는 정신적 위기는 개인의 성격과 심각한 스트레스를 겪은 이전 경험이 가장 적절한 예측 요인일 뿐, 단지 나이가 들었기 때문에 고통을 겪는 것이 아니라는 연구결과다.

중년기가 더없이 불행을 느끼는 나이라는 이제까지의 모호한 가정도 여지없이 깨지고 있다. 캐나다 앨버타대학교에서 25년간 연구대상이 된 사람들을 추적해 발달심리학 학회지에 최근 게재한 결과에 따르면, 사람의 행복도는 20대 초반부터 서서히 상승해 중년기에 더욱 만발한다. 이 연구에 따르면 일생을 거쳐 사람의 행복도는 결혼할 때와 건강해졌을 때 높아지고, 직장을 잃었을 때 낮았다. 생에서 벌어지는 '이벤트'에 따라 행복도의 추이가 달라질 뿐 나이는 그 인과요소가 아니다. 오히려 행복도는 10대 이후부터 40대에 이르러 높아지므로 나이가 '중년의 위기'를 몰고

온다는 세간의 통념과는 상반된다.

이 결과는 대대적인 반향을 불러일으켰다. 어쩌면 우리가 여태껏 당연하다고 인정해온 개념이 송두리째 흔들릴 수 있기 때문이다. 연구팀은 이전 연구결과는 뒤집어져야 마땅하다고 그 이유를 제시한다. 지난 50년간 우리는 중년기에 행복도가 바닥을 치고 이를 중년의 위기라고 단정하는 관념에 사로잡혀 있었는데, 이와 같은 결과를 도출한 연구는 실험 설계단계에서 잘못되었다는 것이다. 특정 시기에 일회조사를 통해 현상에 대한 자료를 수집하는 조사설계cross-sectional studies로는 한 인간이 삶의 궤적을 일구며 평생을 살아가는 과정에서 행복도의 추이를 제대로 파악할 수 없다. 따라서 동일인의 삶의 궤적을 나이가 들어감에 따라 분석한 이 새로운 연구결과야말로 훨씬 더 신뢰할 만하다고 주장한다. 인생은 단거리 경주가 아니라 마라톤이며 사람의 행복도를 측정할 때 인생 전체를 놓고 조망해야 그 답을 얻을 수 있다는 것이다.

아예 중년의 시작 자체가 훨씬 뒤로 밀렸다는 견해도 설득력을 얻는다. 2014년 영국에서 성인을 대상으로 한 조사에 따르면, 이제 중년의 시작이 50대 중반 이상으로 재설정되었다. 50대 이상 성인 중 절반 이상이 아직 중년기에 들어서지 않았다고 생각하며, 3분의 1은 사람들 사이에서 나이대 간의 차이가 거의 없어졌다고 답했다. 10명 중 8명은 중년이라는 개념은 단지 마음의 상태일 뿐이라고 생각하며, 절반 이상이 더 이상 인생에 중년기란 없다고 답했다. 연구결과는 이제 사람들은 전통적인 중년의 개념을 깨부수었다고 내다봤다. 젊음과 늙음 사이를 가르는 선이 점점 희미해짐에 따라 나이 자체가 사람들이 자신을 얼마나 젊게 느끼는지에 대한 중요 결정요인이던 시대는 지나갔다는 것이다.

새롭게 조명되는 중년의 뇌

게다가 최근의 뇌과학자와 심리학자들의 연구결과는 나이가 들수록 '머리 굳은 꼰대'가 된다는 세간의 조롱도 뒤집어놓았다. 중년기에 접어들면 인지능력이 퇴화하고 쓸모없어진다는 기존의 관념에도 반하는 연구결과다. 1956년부터 다양한 연령대의 사람들 6,000여 명을 대상으로 동일인에게 7년마다 인지검사를 실시한 시애틀종단연구Seattle Longitudinal Study 결과, 어휘나 공간적 방위, 언어기억, 문제해결능력 등 인지영역에서 가장 정수인 부분에서 인간의 수행능력은 20대 시절보다 40,50대에 이르러 훨씬 더 좋아지는 것으로 나타났다. 이 복잡하고 정교한 인지기술 분야에 대한 수행역량이 가장 무르익은 나이대는 평균 40세에서 65세였다. 중년기의 뇌는 비록 기억력의 감퇴는 진행되지만, 더 유연하고 역량이 커지는 등 중요한 기능에서 향상이 있다는 것이다.

캘리포니아대학교 뇌연구소의 개리 스몰 박사는 이런 유형의 지식축적을 '결정형 지능crystallized intelligence'이라 칭한다. 우리는 오히려 나이가 들수록 무엇이 중요한지 더 넓어진 시각에서 더욱 입체적으로 접근하게 되고, 오랜 실행의 결과 더 능률적으로 개발된 문제해결능력이 기발한 해결책을 내놓을 수 있도록 하며 명료한 가치판단이 가속되는 이점이 있다는 설명이다.

기억력 감퇴가 중년의 약점이라면 미래에는 그런 걱정을 하지 않을 수도 있다. 영국 브리티시 텔레커뮤니케이션의 인공지능팀을 이끄는 크리스 윈터 박사에 따르면, 인간의 뇌에 평생 그 사람이 습득한 모든 지식을 저장하고 그 정보를 사람과 사람 간에 전달하는 것도 가능하도록 하는 칩을 삽입하는 '솔 캐처2025Soul Catcher 2025' 프로젝트를 2025년까지 완성하는 연구를 가동 중이다. MIT 미디어융합기술 연구소 설립자이자 매사추세츠공과대학MIT 교수인 니콜라스 네그로폰테 박사도 최근 정보를 습득하는 획기적 방법의 출현에 대한 예측을 발표했다. 인간의 학습과 기억능력에 대한 연구결과, 30년 안에 알약 한 알로 외국어를 숙달하고, 한 번 복용으로 셰익스피어의 저서 전권을 뇌에 저장할 수 있게 된다는 것이다. 고통스럽게 장시간 반복하는 암기로 이루어지던 정보의 기억과 저장이 순식간에 해결될 날이 머지않았다는 예측이다. 네그로폰테 교수의 예측이 조만간 실현될지는 의문이나, 정보나 지식을 단순히 암기 저장하는 능력이 더 이상 인간의 지력을 가늠하는 잣대가 아니라는 점은 확실하다. 어쩌면 그때쯤에는 중년의 뇌가 더 각광받게 될 수도 있다.

또한 젊음의 전유물로 여겨졌던 창의성 또한 40,50대에게도 여전히 빛을 발할 수 있는 분야임이 밝혀졌다. 시카고대학교의 데이비드 갈렌슨 교수팀은 300명의 유명한 예술가, 시인, 소설가를 대상으로 가장 중요한 작품을 내놓은 연령을 분석했다. 그의 결론은 다음과 같다. 창의성 천재는 두 부류로 나눌 수 있는데, 상상으로부터 작품을 이끌어내는 '관념주의파'의 경우 20,30대에 주요 걸작품을 내놓았고, '경험주의파'의 경우 완전한 창의적 잠재력을 내뿜는 데 몇십 년이 더 걸렸다. 마크 트웨인, 폴 세잔, 로버트 프로스트, 버지니아 울프처럼 특히 '지혜'로부터 작품을 길어 올리는 작가들의 경우 40대 이후 70대까지도 왕성하게 활동했다는 점을 이야기한다. 이들 작가뿐 아니라 일반인들에게도 나이가 들수록 창의력이 커지는 분야가 있을 뿐, 창의성이 젊은이들의 전유물이 아니라는 것이다.

요컨대 나이듦이 정신적, 육체적 퇴행만을 가져오는 재앙이 아니라는 결론이다. 노년기 연구가인 마크 프리드만은 인생에 대해 고래짝에 만들어진 낡은 지도를 보며 우리 시대의 생을 규정지으려는 것은 얼토당토않은 일이라고 말한다. 나아가 오늘날에는 70대는 되어야 노년을 맞기 위한 준비를 시작하는 시점이자 중년으로 볼 수 있다고 강조한다.

중년, 나이로 규정할 수 없다

럿거스대학교 인류학 교수이며 사랑과 애착의 본성에 관한 세계적인 전문가로 우리에게도 친숙한 헬렌 피셔 박사에 따르면, 미국에서는 '중년 나이가 85세까지라고 여겨져야 한다'는 주장이 설득력을 얻고 있다. 노화하는 세계인구, 더 길어진 수명을 기반으로 우리는 중년 나이의 진정한 연장을 본다는 것이다. 죽음의 비밀이 풀리고 우리 모두가 영생을 얻게 될지는 알 수 없다. 다만 한 가지 확실한 것은 우리의 수명은 부모 세대에 비해 늘어나고 더 긴 세월을 이 지구에서 보내야 한다는 사실이다.

중년이라는 생애주기가 대두된 이후 우리 삶을 둘러싼 컨텍스트들은 끊임없이 변해왔을 뿐 아니라 여태까지와는 다른 속도와 방향으로 변화를 거듭하고 있다. 100년 전으로 시간을 거슬러가 보자. 인간의 기대수명이 채 50세가 되지 않았을 때다. 말이 모는 마차가 주요 교통수단이던 그때는 거리 여기저기 쏟아내는 말의 배설물 때문에 마차가 환경오염의 주범으로 지탄을 받았다. 그러다 보니 오히려 어쩌다 보이는 자동차는 친환경 교통수단으로 각광을 받기까지 했다. 오늘날 대기오염의 주범은 이렇게 역전된 것이다.

남자는 파랑, 여자는 핑크라는 공식이 당연한가도 세월을 거슬러 가보면 답이 갈리는 문제 중 하나다. 1918년 자료를 보면 '분홍은 남자들의 색이다'라는 구절이 나온다. 핑크가 강렬하기 때문이고 파랑은 매우 섬세한 색이라 여자에게 더 어울린다는 부연 설명과 함께 말이다. 100년 전의 공식은 지금과 정반대인 셈이다. 이것이 뒤집어져 분홍은 여자, 파랑은 남자가 된 것은 1940년대 그 조짐이 시작되었다. 1960년대 여성해방 운동의 불이 댕겨진 후 아기가 태어나면 남자아기에게는 파란색을, 여자아기에게는 분홍색을 입히고 선물하는 것이 보편화되었다. 모든 세대는 각각의 남성성과 여성성을 새롭게 정의하며, 그것이 반영되어서 색깔로 표출되는 것이다. 불과 몇십 년 만에 이러한 도식이 약간의 변형도 아니고 완전히 반대로 뒤집어질 수 있다는 증거인 셈이다.

나이에 대한 분류는 어떤가? 통상 한 국가에서 연령층별 점유율을 볼 때 '중위연령'이라는 개념이 사용된다. 중위연령은 한 국가의 모든 사람의 나이를 일렬로 나열했을 때 딱 중앙에 위치하는 사람의 나이를 의미한다. UN의 세계인구전망보고서에 따르면, 지금의 40,50대가 태어난 1960,70년대 우리나라의 중위연령은 19세에서 20세 사이였다. 해석하자면, 그 당시에는 19세를 기준으로 인구의 절반이 나뉘었다는 것이다. 이 중위연령이 2015년에 이르자 41.2세로 높아졌다. 40여 년 만에 21세가 더 늘어났다. 현재 40,50대는 대한민국 국민 가운데 중간 연령대에 위치한 사람들인 셈이다.

이렇게 변하는 세상에서, 과거에 득세했던 '중년의 공식'에는 어찌 대처해야 하는가? 우리 나이대를 중년이라고 범주화했고, 그 시기는 위험하고 상실이 넘쳐나며 루저의 길로 접어드는 초입이라는 관점은 파기되어야 마땅하지 않을까? 우리가 자신의 나이에 대해 당연하게 간주해왔던 모든 것들이 어쩌면 틀렸을지도 모른다. 나이 탓, 나이 때문이라는 전제는 어쩌면 이제 더 이상 마땅한 핑계가 되지 못한다. 생의 단계는 계절이 바뀌는 것처럼 절대불변의 자연현상이 아니기 때문이다. 세대에서 세대를 거치는 동안 형성되고 변형될 수 있고 새로운 패러다임의 등장으로 파괴되거나 전복될 수 있는 일시적 작품이기에 그러하다. 따라서 우리 선배 세대에게 강요되던 중년이라는 굴레가 씌우는 망상을 우리까지 일괄적으로 물려받으라는 법은 없다. 나이 들어간다는 것을 부정할 필요도, 젊음에 구차하게 매달릴 필요도 없지만 우리 머릿속에 주입된 뻔한 중년의 상에서는 자유로워질 필요가 있다.

후기청년의 탄생

가장 돌아가고 싶은 생의 황금기

어느 날 시리얼로 아침 식사를 하던 케빈은 요정의 방문을 받는다. 며칠 전 44세 생일을 보낸 케빈에게 요정은 특별한 제안을 한다.

"당신은 오늘로 당신에게 주어진 생의 딱 반을 살았군요.
저는 오늘 당신에게 일생일대의 기회를 제안하려고 찾아왔어요.
당신의 수명은 88년 72일입니다.
그러니 앞으로 당신에게는 44년 하고도 36일의 살아갈 날들이 남은 것이지요.
자, 케빈, 당신에게 두 가지 중 한 가지를 선택할 기회를 주겠어요.

우선 당신은 앞으로의 생을 지금처럼 서서히 늙어갈 기회를 택할 수 있어요. 마치 당신과 내가 오늘 만났다는 사실이 없는 것처럼요.
아니면, 점점 늙어가는 대신에 제가 모래시계를 거꾸로 세워 매일매일 젊어질 기회를 택할 수도 있어요. 44년 36일 후 당신이 갓난아이가 되어 죽을 때까지 말이지요."

영국의 시인이자 소설가인 사이먼 아미티지의 「무엇을 알고 있는지를 아는 것」이라는 시의 도입부다.

'당신이라면 어떻게 하겠는가'라는 나의 질문에, 친구들 사이에서 만담가로 통하는 40대 후반의 K는 잠시 뜸을 들이다가 요정에게 역제안을 하겠다고 답한다. 점점 젊어지다 갓난아이가 되어 죽는 대신 자신이 원하는 어떤 나이에 딱 멈춰서 한 40년 살다가 가게 해달라고 과감히 찔러 보겠다는 것이다. 그냥은 안 들어줄 테니 요정에게 당신이 원하는 것 중 하나를 자신도 들어주겠다는 조건을 덧붙이면서 말이다.

50대 초반의 A는 요정에게 먼저 묻고 싶은 게 있단다. 매일 젊어진다는 것이 우리가 하루하루 지내며 여태껏 쌓아온 것, 관계 맺어온 것들도 점점 박탈되는 것을 포함하냐는 것이다. 젊어짐에 따라 경험도 사라지고 친구도 사라지는 것이라면 아무리 젊고 찬란한 시절로 되돌려준다 해도 자신은 돌아가고 싶지 않다고 고개를 저었다.

40대 중반의 P는 단번에 '노!'를 외친다. 20대를 다시 보낸다는 생각만으로도 머리카락이 쭈뼛거린다는 것이다. 그 불안하고 한 치 앞도 안 보이며 사람들에게 어리다고 밀려나고 마음만 앞서서 우왕좌왕하던 시절을 지나 이제 좀 내 이야기에 귀 기울이게 하는 방법도 알게 되고 사는 재미도 알게 되었는데 다시 돌아가라니 웬 말이냐고.

올해로 50세가 된 L은 두말할 것 없이 '오케이'라며 다시 젊어지면 하고 싶은 일들을 나열하기 시작했다. 생각만 해도 짜릿하다는 것이다. 가족 부양에 주택마련 대출금에 곧 밀려날 직장에서 자유로워질 수만 있다면 영혼이라도 팔고 싶은 심정인데 왜 마다하겠냐고 열변을 토한다.

당신은 어떤가?

사이먼 아미티지의 시는 이렇게 이어진다.

"엘프가 옳아, 정말 특별한 제안이군."

관절염으로 뻐근해진 어깨, 점점 헤어라인이 뒤로 물러나는 이마, 두리뭉실해지는 뱃살의 자신을 떠올리며 케빈은 내가 지금 알고 있는 모든 것을 알면서 다시 젊음을 가질 수 있다니 얼마나 환상적인가를 상상한다.

"그런데 애니는 어쩌지? 내가 세상 누구보다도 사랑하는 나의 여인 애니 말이야.

내가 사랑했던 단 한 사람, 애니에게는 어떤 일이 생길까?

나만 젊어진다면 내가 최신 유행 티셔츠를 입을 때 그녀는 의

치를 해야 할 날이 오겠군."

케빈은 엘프에게 이렇게 답한다.

"아니요! 두 번째 제안을 거절하겠소. 애니에게 우리는 함께 늙어갈 거라고 약속했고 나는 그 약속을 지킬 거요."

엘프는 케빈에게, "젠틀맨이 거의 남아 있지 않은 요즘 세상에 당신이야말로 젠틀맨이군요. 그리고 당신의 애니, 그녀는 정말로 최고지요. 아름답고 매력적이고 우아하며 활기찬, 정말로 환상적인 여인이고 말고요"라고 말한다.

"그렇소, 정말 멋진 여인이라오. 아, 그거 아시오? 애니는 매일매일 더 젊어지고 있다오."

케빈이 뿌듯한 듯 이렇게 답하자, 엘프는 구두를 탁탁 맞부딪치더니 사라졌다.

뒷부분을 읽으며, '아니, 뭐야? 애니에게도 제안이 들어왔고 그녀는 수락했다는 거야?'라는 생각이 번뜩 스치는 건 나뿐일까? 아니면 케빈의 눈에만 사랑스러운 그녀가 점점 더 젊어지는 것처럼 보인다는 말인가?

'당신은 요정의 제안에 어떻게 답하겠는가'를 60대 중반인 W에게 물었을 때 나는 흥미로운 답을 들었다. 그녀는 만약 지금 어느 나이로 돌아가고 싶은지 묻는다면 40대라는 것이다. 얼마나 귀한 인생 황금기에 있는지 모르고 사는 40대들에게 밥을 사주면서라도 알려주고 싶다고 한다. 그 시절 하고 싶었는데 '이 나이에 무얼…'이라는 생각으로 흘려버린 일들이 지금에 와서 가장 후회된다는 것이다. 그 시기야말로 인생을 통틀어 자신의 내면이 가장 성장한 시기라며, '진짜 나는 이런 사람이구나'를 알게 되었고, 좋아하는 것, 잘하는 것이 무언지 확실히 알게 된 때도 그 무렵이라고 한다. 이전까지 얽매여 있던 자잘한 것들에서 마음을 털어버리는 요령도 슬슬 깨치니 세상 모든 것이 새로운 눈으로 보이기 시작했으며 자유롭고 호기롭게 무언가에 다가서고 싶은 갈망이 솟구치기도 했다는 것이다. 그런데 당시에는 거대한 대열에서 혼자만 삐져나올까 봐 애써 부정하고 누르고 눌러 그 찬란한 시절을 용트림 한 번 제대로 못 하고 보냈다며 아쉬워했다. 얼마 지나지 않아 그녀의 이러한 생각이 연구결과로 밝혀진 것을 발견했을 때 나는 또 놀랐다. 취리히대학교의 심리학과 교수들인 프로인트와 리터가 노인을 대상으로 한 연구에 따르면, 가장 돌아가고 싶은 생의 시기로 40,50대를 꼽았기 때문이다.

한때 엑스세대로 불렸던 지금의 40,50대

인생을 오래 산 선배들이 우리가 지금 살아내는 이 시기를 찬란한 날들로 기억하는 데에는 어쩌면 그 터널을 직접 통과하는 우리 자신만이 지각하지 못하는 비밀이 존재할지도 모를 일이다.

이 지점에서 오늘의 우리 모습이 예전에 이 시기를 살아낸 사람들과 어떻게 다른가가 궁금해진다.

현재 중년의 범주에 들어 있는 사람들은 한때 '엑스세대'라 불리던 이들이다. 학자마다 조금씩 범위에 차이가 있지만, 통상 1965년에서 1980년대 초반에 탄생한 아이들이다. 이들이 성년에 진입하기 시작하자, 세상은 당시의 청춘들을 향해 여태껏 지구상에 존재하지 않던 '이상한 아이들'이 등장했다며, 엑스세대라는 별칭을 붙여주었다. 엑스x는 알 수 없고 불확실한 그 무엇을 상징하는 표식이다. 시사상식사전에서는 '무관심 · 무정형 · 기존 질서 부정 등을 특징으로 하는 세대'라고 설명한다.

'세대'는 태어난 시기가 비슷함으로써 그들끼리의 공통 경험을 갖는 것으로 파악되는데, 엑스세대의 공통 경험은 다음과 같다. 엑스세대는 세계적으로 산아제한이 중요 이슈이던 시기에 태어났다. 1960년대 초반 피임약이 보급되었고, 세계 곳곳에서 낙태가 합법화되기 시작했다. 주요 국가에서 엑스세대의 인구가 이전 부모 세대나 이후 후배 세대보다 상대적으로 적은 이유다. 우리나라에서도 1960,70년대에 국가정책으로 산아제한을 선택했다. 그 당시 유행하던 표어가 '덮어놓고 낳다 보면 거지꼴을 못 면한다'였을 정도다.

광고가 단순히 물건만 파는 것이 아니라 라이프스타일까지 팔기 시작한 시기를 마주한 첫 세대로, 워크맨을 통해 음악을 길거리에서 움직이면서 듣고 비디오 게임을 사춘기 시절의 놀이로 즐긴 첫 세대이기도 하다. MTV를 통해 서구 문화를 흡수하며 레이스 치마를 입은 마돈나가 〈라이크 어 버진〉을 부를 때, 마이클 잭슨이 문워크를 선보일 때 그들의 몸짓과 패션을 따라 하며 열광했다.

디지털과 아날로그를 동시에 경험하며 사춘기를 보낸 마지막 세대다. 꼬마 때에는 전화번호를 외우고 좋아하는 노래의 가사를 외워 불렀으나, 카세트테이프와 비디오 버튼을 눌러 바로 저장할 수 있게 되자 양쪽을 넘나들었다. 컴퓨터가 등장하자 재빠르게 습득해 자신들의 능수능란한 도구로 만들었다. 세계화와 디지털혁명이 몰고온 삶의 급격한 변화를 경험한 첫 세대다. 또한 해외유학이 늘었고, 여성의 학력이 비약적으로 높아졌다.

당시의 사회 문화적 환경과 맞물려 이전 세대가 상상하지 못했던 현상들을 몰고 온 엑스세대의 특성은 다음과 같다. 이전 세대가 구축해 놓은 명령과 복종 시스템에 코웃음을 날리며 '나의 길을 가련다'로 새로운 진지를 구축한다는 점, 자신이 어떻게 시간을 보낼 것인가를 스스로 결정한다는 점, 연공서열보다 성과 위주의 보상을 원한다는 점, 자유는 시간의 자유를 의미하고 보상은 시간과 돈을 의미한다는 점, 사춘기를 포기하지 않는다는 점 등이 그것이다.

빨리 자라지만 늦게 어른이 되며 고정된 틀을 과감히 부수고,

자유롭게 상상하고 자신의 뜻을 펼치는 특성이 있다. 이러한 모든 것을 아우르는 특성으로는 다른 어떤 세대보다 풍성한, 규정되지 않은 다양한 행태를 보인다는 점이 있다. 그렇기에 엑스세대는 자신들에게 특정 세대라는 별칭이 붙여진 것조차 거부하는 경향을 보였다. 그런 이유로 세상은 우리를 '어디로 튈지 모르는 럭비공'에 비유하기도 했다. 우리 또래가 이러한 특성을 무기로 여기저기서 크고 작은 다양한 소용돌이를 만들고 있다며, 기존의 패러다임이 우리로 인해 무너졌다고 진단했다.

아마도 이 무렵이었던 듯하다. 내 40대는 부모나 선배들의 그것과는 많이 다르리라는 것을 예감한 때가. 예전처럼 모두가 20대 중반에 결혼하고 비슷한 시기에 학부모가 되고 일정 기간이 지나면 과장이나 부장으로 승진하는 것을 바라는 우리가 아니었다. 삶의 패턴이 획일화되지 않았기에 다양한 삶의 형태가 보였다. 내 또래들은 그들 나름대로의 패턴과 구조를 스스로 구축하며 미지의 영역에 조금씩 새로운 발자취를 남기기 시작했다.

이렇게 엑스세대는 전 세대와는 다르다는 것을 전제로 20,30대를 보냈다. 그렇다면 그들의 지금은 어떤가? 아버지를 우상으로 여기고 그의 삶을 따라 하기를 바랐던 이전 세대와는 달리, 지금의 아빠들은 10대의 아들딸들과 비슷해지려고 한다. '대발이 아버지'로 통칭되던, 권위적이며 불편한 재래식 화장실조차 개선하기를 꺼리던 그 시절 아버지와는 달리, 우리 세대는 '사랑이 아빠'처럼 직접 요리하고 새로운 것에 도전하는 것이 일상이다. 이전 어느 세대보다 학력이 높고, 몇 번의 이직은 자연스러운 커리어 이전으로 여긴다. 페이스북을 통해 실제로 만나본 적 없는 친구들과 자잘한 일상뿐 아니라 정치와 경제를 논하기 시작한 첫 어른 세대이기도 하다. 이들은 미디어 환경을 완전히 바꿔놓고 이전까지 성행하던 비즈니스 방식을 뒤흔들어 놓은 것으로도 유명하다. 위키피디아의 설립자 지미 웨일즈1966년생 와 래리 생어1968년생, 결제 시스템의 혁명인 페이팔과 무인자동차를 개발 중인 테슬라의 주인공 엘론 머스크1971년생, 세상에서 가장 혁신적인 기업으로 손꼽히는 구글을 이끄는 래리 페이지1973년생 등이 모두 엑스세대다. 한 연구자는 이들을 '반평생이라 불리는 50년을 살았어도 죽음이 임박했다고는 생각하지 않는 인류 최초의 세대'일 것이라고 진단한다. 그리고 어쩌면 그들의 생각이 맞을지 모른다고 덧붙인다.

세상으로부터 '자라기를 거부하는 세대'라고 불리던 엑스세대가 또 구태의연한 중년이기를 거부하며 인생 중반기를 들썩여 놓기 시작한 것이다. 삶의 다양한 양상을 유연하게 넘나들고 때로는 도발적으로 생의 이벤트에 맞짱 뜨는 이들에게 과거 우리 부모나 선배세대에게 규정되었던 중년의 범주는 그저 가뿐히 손사래 한번으로 날려버림 직한 고정관념에 불과하다. 중년의 위기라는 장벽은 오즈의 마법사에 나오는 실체 없는 마녀와 같은 존재일 뿐이다.

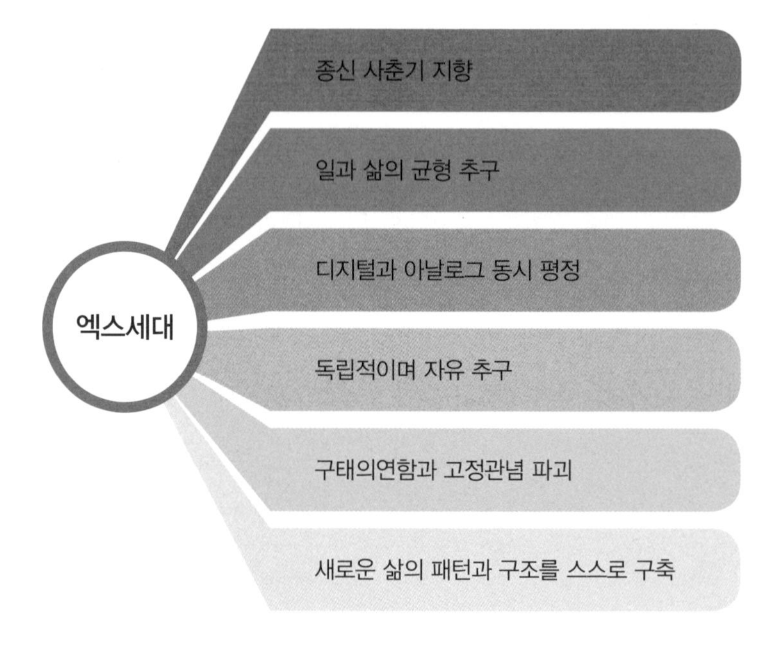

••• 엑스세대의 특징

터프츠대학교의 심리학자 리차드 러너 교수는 우리 시대 40,50대가 이전 세대와 다른 중년을 보내는 이유에 대해 일정 부분 엑스세대가 그 이전 세대와는 달리 권위적 인물이나 고착화된 무엇에 염증을 느끼는 태도를 형성하며 자랐기 때문이라고 본다. 구태의연함과 고정관념에 대한 거부를 씨앗처럼 지니며 꽃피울 시기만 엿보다가 자신의 결정에 대한 재량권이 늘어나는 40,50대가 되자 활개를 펴기 시작했다는 것이다.

역사학자 닐 하우도 엑스세대의 중년은 이전 세대와는 반대의 현상을 마주하는 경향이 있음을 피력한다. 가령 부모 세대가 광장 공포를 경험했다면 엑스세대는 폐쇄공포를 경험하듯 그 양상은 다르다. 안정을 추구하며 자유를 일찌감치 포기해버렸던 부모 세대와는 달리, 엑스세대의 40,50대는 종신 사춘기를 열렬히 지향하며 모든 것이 가능하다는 점을 여전히 지지한다. 과거에는 '중년의 위기 모델'이 여태껏 쌓아온 것이 허물어지는 데 초점을 맞추었다면, 이제는 '재건'으로 초점이 옮겨지고 있다. 생명력과 즐거움의 기회를 움켜쥐고 싶다는 욕구가 더 강렬하게 심장을 팽창시키면서 '인생의 기회 모델'로 진화하고 있다. 엑스세대의 아웃사이더 기질이 드디어 만개하는 시기가 바로 40,50대인 셈이다.

오랜 인류의 역사를 놓고 봤을 때 그런 의미에서 지금의 우리는 최신 인류이거나 돌연변이 세대일지도 모른다. 나이로 생애주기를 분류하는 것이 이제는 무의미해진 세상 환경일 뿐 아니라, 선배나 부모 세대와는 다른 시기를 보낸다. 이제 우리 또래들에 대한 새로운 해석이 필요한 시점이 도래했다. 인생 중간지대를 점령해가면서 청년의 특성을 능수능란하게 연장하고 여기에 농익은 인생 그루브까지 버무려 예전엔 없었던 독특한 물결을 만들어내기 때문이다. '성장'이라는 청년의 특성과 '성숙'이라는 중년의 특성을 알차게 버무리지만, 쇠퇴만을 앞둔 전통적 중년의 범주와는 한참 거리가 멀다. 따라서 중년이라기보다는 '후기청년' 범주로 새로 조정되어야 한다. 결과적으로 100세 시대의 40,50대는 그저 길어진 인생을 보내는 것이 아니라, 확장된 청년기를 완성해 가는 시기다. 젊음이라는 단어를 수식하던 열정, 자신감, 에너지가 여전히 팽팽하고, 나아가 네 번의 인생 10주기를 거치면서 얻은 지혜로움과 여유까지 더해진 것이 우리 시대 중년, 아니 후기청년이다.

펜실베이니아대학교의 마틴 셀리그만 교수는 이 후기청년들의 등장을 반기며 '인생 번영기'라고 칭한다. 오래전에 규정된 중년의 나이와 암울한 특성은 언젠간 파기되어야 마땅한 것으로, 후기청년들로 인해 새롭게 대체될 전기가 마련되었다는 것이다. 그는 인생을 몇십 년쯤 살다 보면 응당 겪을 수 있는 수많은 이벤트 중에서 유독 이 시기의 이혼과 직업상실 같은 부정적 고통은 미디어를 통해 각인되었지만 그와 다른 인생의 면모, 즉 이 시기의 긍정적 변화는 거의 언급되지 않았고 심지어 매우 과소평가되어왔다는 의견을 제시하였다.

또 다른 연구는 후기청년이야말로 '생의 봉기자'라는 결론을 제시하기도 한다. 여러 연령층을 대상으로 삶에 대한 관점을 조사했더니, 오늘날 40세 이상의 61퍼센트가 만족감을 느끼고, 83퍼센트가 가족 및 친구들과 깊은 유대감을 갖고 있었으며, 76퍼센트가 세상 돌아가는 뉴스와 이슈에 늘 깨어 있는 것으로 나타났다.

이르자면, 후기청년은 사고에 틀에 박힘이 없고, 서열의식이 없고, 시류를 무시하지 않는 3무無 성향을 보이며, 지적 호기심

"100세 시대의 40,50대는 그저

길어진 인생을 보내는 것이 아니라,

확장된 청년기를 완성해가는 것이다.

열정, 자신감, 에너지에 지혜로움과 여유까지 더해진 것이

우리 시대 중년, 아니 후기청년이다."

이 넘치고 문화 취향이 폭넓고, 자신의 언어로 자기의 일을 이야기할 수 있으며, 지금까지 쌓아온 것을 밖으로 내놓는 것에 당당한 4유有의 특성을 갖는다.

메소력의 부활!

후기청년들 덕분에 청년과 노년의 이분법적 편견은 힘을 잃을 뿐 아니라 인생 중반기에 대한 가치도 재정립되고 있다. 흔히 인생 중반기는 삶을 어느 정도 살았으며 젊지도 늙지도 않은 어정쩡한 시기로 여겨져왔다. 불타는 청춘도, 평온한 황혼도 아닌 시기 말이다. 더 야박하게는 이빨 빠진 호랑이를 연상시키는 늙음과 쇠락 쪽에 더 무게중심이 쏠려 있었다. 영어로도 '중간', '사이', '가운데'를 뜻하는 단어 '미들middle'이 들어간 'middle life'는 '이도 저도 아닌' 시기에 덧붙여 내리막길의 뉘앙스를 내포한다. 'Middle'이 함축한 매력적 의미들이 유독 '인생'이라는 단어와 합쳐지면 맥을 못 추고 만다. '중간'을 향한 시선과 해석이 매우 박해지는 것이다.

그런데 여기에는 풀어야 할 오해가 있다. '미들Middle'의 어원은 그리스어 '메소MESO'다. 우리가 학창 시절, 인류 4대문명 발상지라고 달달 외웠던 메소포타미아를 떠올려보자. '메소'는 '사이, 가운데, 중간'을, '포타미아'는 '강가'를 의미하여, 메소포타미아는 '두 강 사이의 땅'이라는 뜻이다. 메소포타미아 문명은 폐쇄적인 그 시대 다른 문명들과는 매우 대조적이었다. 두 강이 교차하는 중간지대는 그 특성상 개방적이고 능동적일 수밖에 없었다. 서로 다른 문화를 받아들여 섞고 퍼뜨리는 진원지로서 멀리까지 그 영향력을 행사하는 독특한 지형이다.

그렇다. 메소는 절대 어정쩡하지 않다. '중간지대'에는 엄청난 전략적 중요성이 있다. 변신 가능하며 잇고 연결하고 열려 있다. 사통팔달과 통섭이야말로 메소의 본질이다. 이러한 메소의 진정한 가치가 후기청년들을 통해 부활하고 있다. 후기청년들이 '인생 중간지대'의 가치를 역전시키고 있기 때문이다.

이런 후기청년들이 내뿜는 에너지가 바로 메소력MESO Force이다. 메소력은 다른 세대에게서는 찾을 수 없는 독특한 에너지다.

내가 20대였을 때뿐 아니라 요즘도 세상은 20대들을 향해 '너희들에게는 무한한 가능성이 있다'고 말들 하지만, 돌이켜보면 나는 20대 때 그 무한하다는 가능성에 회의했다. 어쩌면 20대가 무한한 가능성을 가졌다는 명제는 오히려 환상에 불과할지도 모른다. 부딪쳐보자는 용기는 넘칠지 몰라도 20대의 주장은 경험 부족과 실행 부족을 이유로 힘을 잃기 십상이다. 활용할 수 있는 리소스가 턱없이 부족할 뿐 아니라 무엇보다 다른 이들이 자신의 의견을 심각하게 귀 기울이도록 하기엔 뒷심이 딸린다. 그런

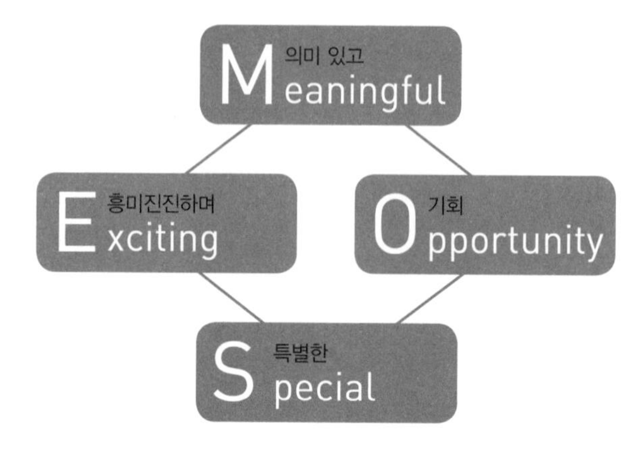

••• 메소력 봉인 해제
후기청년의 삶은, 인생을 의미 있고, 흥미진진하며, 특별한, 기회로 만들어갈 때다.

데 누구나 40대쯤 되면 잘 아는 분야(취미든 육아든 전문지식이든)가 적어도 한두 개쯤은 생기게 마련이다. 활용할 자원도 많아지고 동원할 네트워크도 전보다 촘촘해진다. 경험에서 축적된 요령도 늘고 사람들의 마음을 조근조근 움직여 내 뜻을 관철할 기술도 늘어간다. 내가 이야기하고 싶은 그 무엇에 경험과 통찰을 버무리면 설득력이라는 동력을 발휘하게 되고, 내 의견에 동의하는 이들과 연대할 줄도 알게 되면서, 20대 때 추구하던 그 무한한 가능성은 아닐지라도 더 현실성 있게 나와 세상의 역학에 대해 조율할 수 있게 된다.

거대한 우주를 탐험하고 돌아온 우주인들이 그 특별한 경험을 통해 지구로 귀환한 뒤 얻게 되는 '조망효과'를, 어려운 우주여행 없이 얻을 수 있는 것도 메소력의 은혜다. '조망효과'는 한도 끝도 없이 펼쳐진 우주공간에서 바라본 지구가 그야말로 미미한 점 하나에 불과할 뿐 아니라 그 안에서 아등바등 살아가는 사람들은 그 점을 수십 수백억 분의 일로 나눈 '마이크로 점'일 뿐이라는 것을 직접 목도한 뒤, 이제까지와는 전혀 다른 관점에서 자신과 세상을 바라보게 된다는 의미다. 우주인의 경험이 없더라도 40대에 접어들면 이 조망효과를 서서히 감지하게 된다. 세파가 할퀸 상처들이 다양한 굴곡들을 만들기도 하고 그 굴곡들의 틈새에서 버티는 자신이 문득문득 투영되기 때문이리라. 남의 시선을 과도하게 의식하고 체면 때문에 진짜 소중한 것을 놓치는 자신에게 '이봐, 네 인생은 네가 사는 거야. 남의 눈만 살피다가 말거야?'라는 질문을 불쑥 던지기도 하고, 목표한 바를 이루지 못할 때면 쉽게 자기혐오에 빠지곤 하던 스스로를 향해 어깨를 툭툭 치듯 여유를 상기시키는 자신을 마주하게 되는 것도 이 때문이리라.

노래하는 시인으로 40년 넘게 사랑받아온 레너드 코헨의 노래 가사처럼, "완벽하려 하지 않고 모든 것에는 틈이 있다"는 것을 터득하고 그 틈새로 "빛이 들어오니", 그 틈새의 빛을 찬란하게 할 수 있는 것도 메소력 덕분이다.

모든 세대는 자신들만의 혁명을 갖는다. 후기청년은 알 만큼 성숙했고 저지를 만큼 젊다. 역사적으로 지금의 후기청년들은 이

전 어느 세대보다 학력이 높고 다양한 직업군을 경험하는 세대로 알려져 있다. 삶을 더 넓고 깊게 보는 눈이 트인, 그러면서 여전히 열정을 간직한, 또 그간 쌓아온 삶의 노하우와 인맥들로 인생의 성숙기를 이전 세대들과는 다르게 보내고 싶어하는, 후기청년들이 세계 곳곳에서 재미난 반란을 일으키는 소식도 자주 접하게 된다. 무언가 중요한 일을 하기 위해 이렇게 많은 경험과 능력을 갖추었던 세대가 없었기 때문이다. 지난 어떤 세대보다도 훨씬 다양한 재료와 양념들을 준비할 수 있고, 그 어떤 레시피도 구현해 줄 도구를 구할 수 있는 주방에 들어선 것이다. 이제 어떤 요리를 할지 결정하는 일만 남았다. 발칙한 상상을 곁들여 자신만의 레시피를 완성해가면 된다. 새롭고 신선한 시도를 기피하지 않는, 오히려 그것을 추구하는 자세는 그 자체로 요리의 풍미를 배가시킬 것이다. 메소력은 생의 다른 시기에는 주어지지 않는 귀한 자산이다. 오직 인생 중반기에만 발휘되는 강력한 포스인 셈이다. 오해와 속설로 인해 봉인되었던 메소력을 부활시키는 후기청년의 삶은, 인생을 의미 있고Meaningful, 흥미진진하며Exciting, 특별한Special, 기회Opportunity로 만들어갈 때다.

슈퍼 사춘기

끝나지 않은 성장

1980년대 말 〈케빈은 열두 살〉이라는 미국 드라마 시리즈를 TV에서 방송했다. 주인공 케빈은 중학생 소년인데, 내레이션을 통해 이야기를 풀어가는 사람은 이미 어른이 되어 1960,70년대 자신의 중학교 시절을 추억하는 성인 케빈이다. 당시 대학생이었던 나는 가끔 그 드라마를 보면서 '나도 중학생 때 어렴풋이 앞으로의 인생에 대해서 고민했었지', '그때 내가 원했던 것을 이루어 가는가' 등 여러 생각을 했다.

"어릴 적 우리는 한 몸에 세상 모든 분야의 씨앗을 담고 있었다. 아이는 동

시에 예술가이면서 과학자이고 운동선수이며 연구자다. 어른이 된다는 건 한 개씩 한 개씩 이렇게 몸에 담고 있던 씨앗들을 제외시켜나가는 과정인 듯싶다. 어른이 된 후, 포기한 그 많은 꿈에 대한 후회가 늘어난다. 그것은 내가 게으르거나 끈기 있게 달라붙지 못했거나 혹은 두렵기 때문에 놓아버린 것임을 알기에."

〈캐빈은 열두 살〉에 나오는 성장통의 한 장면이다. 드라마에서 내레이션을 맡은 성인 케빈이 몇 살로 설정되었는지 모르겠으나, 이 독백으로 짐작컨대 지금 내 또래가 아니었을까 싶다.

사춘기를 강타하는 일종의 성장통에 대해 '몹시 빠르게 부는 바람과 무섭게 소용돌이치는 큰 물결'이라는 의미의 질풍노도에 비유하지만, 그 강도와 도래 시기가 누구에게나 똑같이 적용되지는 않는다. 자라기 위해 통증을 겪는다는 공통점은 있겠으나 어마어마한 폭풍을 정통으로 때려 맞은 누군가가 있는가 하면 스친 듯 감싼 듯 조용히 그 시기를 넘긴 이도 있기 때문이다.

나는 그다지 요란한 사춘기를 보내지 않았다. 물론 사춘기는 곧 반항 혹은 방황이라는 세간의 기대를 온전히 저버린 것은 아니었다. 그 시절 '호환 마마보다 더 해롭다'는 불법 비디오를 빌리느라 친구들과 007작전을 펼치기도 했고, 절대출입금지 통지서까지 각 가정으로 배달되었던 롤라장을 휘젓고 다니기도 했으며 야간 자율학습시간에 빠져나와 학교 뒷담을 넘어 성룡이 주연으로 나온 〈폴리스스토리〉를 보러 가기도 했다.

이런 행위가 반드시 반항 혹은 방황인가에 대해서는 명확하지 않다. 나는 그저 예나 지금이나 호기심 많은 유형에 속하고 그 호기심을 풀고 싶었을 뿐이다. 어른들이 하지 말라고 금지한 일을 했다는 점에서는 일탈이지만 딱히 공권력이나 규범에 항거하고자 하는 심오한 목표 따위는 없었다. 학교에서는 모범생이라는 범주에 나를 넣어두었던 듯하다. '와이엠씨에이~'를 반복하는 빌리지 피플의 영맨이 귀를 쩌렁쩌렁 울리는 롤라장에서 붙잡혔을 때, 순찰 돌던 교련 선생님은 "누가 너를 꼬셨느냐? 네가 이럴 애가 아닌데?"라는 말씀을 서너 번 반복했다. 마흔이 넘은 어느 날 고속도로를 달리다 들른 휴게실에서 '추억의 롤라장 댄스' 테이프를 발견한 날이 아직도 생생하다. 나는 그 테이프를 거의 3개월 넘게 통근 길이나 외근 길에 매일 들었다. 너무 혹사시킨 탓인지 물건이 원래 부실했는지 테이프는 3개월 만에 늘어져 수명을 다했고 섭섭한 마음에 온라인 음원 사이트를 열심히 뒤졌던 기억이 있다.

대학을 마치고 얼마 후에 세상이 내 또래들에게 '엑스세대'라는 별칭을 붙여주었다는 사실을 알게 되었다. 엑스세대는 사춘기를 포기하지 않는 특성을 가진다며 '자라기를 거부하는 세대'라고 규정되었다.

그들이 이제 40,50대가 되었다. 늘 정신 없이 바쁜 일상, 어딘가로 탈출하거나 일탈하고 싶지만 그냥 일상에 익숙한 채 살아온 지난 20~30년이다. 그간 우리에게는 자녀를 돌보고 부모를 부양하는 짐이 지워졌으며, 신체적으로도 변화가 있다. 조금씩 흰머리가 눈에 띄며 눈가와 입가엔 스마일라인이 점점 자리잡아간다. 호르몬의 영향으로 남자는 정력의 감소를 경험하기도 하고 여자는 완경을 겪으며 마치 모핑기법의 장면처럼 외모가 변신한다. 내 마음은 아직도 10대 소년소녀인데 내 몸이 나를 배신한다는 푸념이 절로 나온다. 아이의 몸에서 성인의 몸으로 바뀌는 제1차 성징이 나타나는 사춘기 이후로 다시 신체의 변화를 자각하게 되는 시기가 이때이리라.

이 시기 우리에게 사춘기의 특성과 매우 흡사한 성향들이 나타나는 영역은 비단 신체뿐이 아니다. 다양한 삶의 선택들 아래서 어느 세대나 연령대별로 그 나름의 깊은 욕망, 두려움, 환희가 꼭지점을 이루는 시기가 있겠으나, 특별히 정체성에 변화가 감지되는 두 시기가 청소년기와 인생 중반기다.

생애 첫 정체성 변화는 통상 청소년기이고 이 시기 우리는 가족과 자신을 분리해 개인으로서 '나는 누구인가'에 대한 가치 선호를 정의해간다. 이 분리와 성장기 국면은 종종 반항이라는 특징을 갖는다. 이때의 반항은 자신을 지켜주는 힘에 대한 반항이다. 때로 건방지고 다루기 어렵지만, 이것은 사실 어른들의 비호로부터 자립을 시험하는 매우 소중한 성장 단계다.

흥미진진한 삶으로 전환하는 이정표

사춘기를 포기하지 않는 특성을 갖는 엑스세대가 네 번의 인생 10주기를 거치며 후기청년으로 거듭날 때, 이 후기청년들이 일궈내는 정체성의 변화는 청소년기에 거쳤던 사춘기와는 차원을 달리한다. 이른바 '슈퍼 사춘기'다.

슈퍼 사춘기는 앞으로의 생에 대한 탐험과 지난 생에 대한 반추가 균형점을 이루기 위한 시도가 시작되는 시기다. '남들이 볼 때 내가 누구여야 하는가'라는 외부의 메시지에 구애받지 않고 '내가 볼 때 나는 누구인가'를 재정의하는 정체성 변화를 겪는다. 균형점을 찾는 과정에서 좌충우돌하기도 하지만, 이때의 반항은 이를테면 다른 사람들에게 보이는 '누구여야 하는가'를 벗어나려는 항거다. 나에게 더 이상 의미 없어진 가치들을 벗어 던지고 새로운 가치를 시도해보려는 내면의 싸움인 것이다. 자신은 어떤 인간이고, 무엇을 좋아하고, 어떤 활동이나 환경에 어울리는가에 대해 마치 새롭게 다시 태어난 것처럼 스스로에게 묻게 되기 때문이다.

성인이 된 이후 20여 년간 사회에서 이미 얼개를 짜놓은 규칙들에 적응하느라 '왜'라는 질문을 할 수 없었던 수많은 궁금증이 다시 고개를 든다. 사회 적응이라는 이유로 외부 시스템에 의해 이미 규정된 규율들을 강압적이든 자발적이든 내 안에 내면화하기에만 바빴던 20,30대 때와는 달리, 시스템 돌아가는 것도 어느 정도 알게 되고 경험을 통해 축적된 직관이라는 것도 생기니 이제야 머릿속에 숨 쉴 공간이 생기기 시작한다. 왜 살지? 나는 지금 어디로 가고 있지? 이렇게 다시 묻게 되는 것이다. 그런 궁금증을 해결하기 위해 요즘 40,50대들이 인문학 강좌에 몰리고 다시 학교로 돌아가는 사례가 늘었다고 뉴스를 통해 보도된 바도 있다. 갑자기 무언가를 학습하는 데 강한 흥미를 갖기도 하는데, '공부'라는 무거운 접근이 아닌, 무언가 재미있을 것 같은 배움에 마치 짓궂은 장난을 치는 듯한 접근으로 다가서며 왕성하게 새로운 분야를 탐구하기도 한다. 어릴 땐 그리도 공부하기 싫더니 왜 배우고 싶은 게 많아지지? 의미 있게 놀고 싶은데 뭐 좋은 게 없을까? 산다는 게 무언지 궁금한 사람이 나만은 아니겠지?라고 말이다. 이때의 탐구는 외부적인 것에 국한되지 않고 나 자신을 알고 싶은 욕구와 연결하려는 일종의 회로 조정을 위한 징검다리 역할을 한다. 진정으로 나에게 맞는 것을 감각을 통해 수렴해가는 것이 이 시기의 테마다.

오랫동안 좋아해온 것들에 대한 회의도 나타난다. 폭 빠져서 즐기던 어떤 활동이 웬일인지 시큰둥해지고 한술 더 떠 어깨를 짓누르는 짐처럼 느껴지기도 한다. 당연하다고 여겨온 사고방식이나 구태의연한 지식에 반기를 들게 되고 자유로운 사고방식과 새로운 지식에 마음이 쏠리기도 한다. 알 듯 모를 듯 그럴싸한 표현으로 사람들을 현혹하는 이른바 '전문가'들에게 강한 딴지를 걸고 싶고 속 시원히 깨부수고 싶어지기도 한다.

시간에 대한 감각에도 변화가 온다. 그간 쌓아온 것들이 있는 만큼 과거를 반추하게 되고 그러면서 한편 시간이 쏜살같이 흘렀음을 자각하게 된다. 여러 가지 제한점들이 구축되어 있다는 것들도 마음 한 켠에 있으면서 인생의 새로운 국면을 바라보게 된다.

오랜 세월 반복되고 복제되어 자신에게 들러붙은 습관이나 고정관념, 얽매였던 인간관계는 본래의 자신을 갉아먹고 어느덧 진짜 자신과는 동떨어진 '자아 이미지'를 형성하는데, 이 조작된 자아 이미지와 진정한 자아와의 간극을 확인하게 되기도 한다. 낡은 허물을 벗듯 자신을 속박하는 것들과의 결별을 선언하고 싶어지는 것이다.

이르자면, 후기청년들의 슈퍼 사춘기는 진짜 자신의 꿈을 향한 깊은 가능성을 대변한다. 한때 뜨겁고 아팠던 그 무엇을 찾아 '언젠간 터질 거야'를 기대하던 휴화산에 드디어 용암을 분출하기 위한 서막을 알리는 셈이다. 정도의 차이는 있지만 이러한 내면의 꿈틀댐은 누구나 경험하게 마련이다. 다만 이러한 꿈틀댐을 바라보고 해석하는 태도와 이를 소화하고 표출하는 행동은 천차만별이다.

사람과 조직에 관한 연구로 대인관계와 자기관리 분야에서 독보적 존재인 데일 카네기의 조언을 들어보자. 카네기는 진정한 삶에 대한 화두를 평생 이고 살았다. 이미 반세기 전에 세상을 뜨고 없지만 그가 남긴 수많은 어록과 삶을 통찰하는 지혜를 한 수 배우기 위해 여전히 전 세계 수백만 명이 그의 책을 찾는다. 노년의 카네기에게 누군가 '여태까지 인생에서 배운 것 중 가장 중요한 깨달음이 무엇인지' 물었다. 그는 한 치의 망설임도 없이 '생각의 중요성'이라고 답했다. 생을 통틀어 결국 인생을 결정하는 단 한 가지 요소를 뽑으라면 바로 '생각'이라고 장담했다. 삶에서 일어나는 다양한 이벤트에 대해 어떻게 바라보는가, 즉 우리가 어떻게 생각하느냐에 따라 인생경로가 달라지고 삶이 바뀔 수 있음을 직접 목격해왔다는 것이다.

그의 이 장담을 조금 더 세밀히 들여다보자. 어떤 상황이 닥쳤을 때 이에 대한 사람들의 마음속 생각은 제각각이다. 상황의 객관적 사실은 동일한 조건을 제시했다고 해도, 바라보는 사람에 따라 해석이 달라진다. 사람들은 저마다 자기의 생각을 끌어안고 그 상황을 헤쳐 나갈 것이며 그렇기에 결론도 달라질 것이다. 생각은 마치 발화물처럼 불붙어 우리를 변하게 하고 행동하게 한다. 결국 자신의 삶에 멋진 변화를 만드는 데 가장 적합한 사람이 바로 자신이라는 것이다.

슈퍼 사춘기는 어떻게 바라보느냐에 따라, 누군가에게는 젊음과 기회의 상실에 집착하는 재앙일 수도 있고, 또 누군가에게는 분출하는 메소력MESO Force을 진짜 삶의 시작으로 전환하는 이정표가 될 수도 있다. 의미 있는 도전과 모험으로, 길어진 청년기의 후반부를 감칠맛 나게 살아내고 싶은 후기청년들에게 '슈퍼 사춘기'는 그야말로 새로운 인생의 각성기로 주저 없이 꼽고 멋지게 도약하는 시기가 될 수 있다.

도약의 동기는 다양하다. 그저 겨드랑이 밑이 돋아나는 날개로 근질근질해서, 살아갈 날들을 찬란하게 만들기 위해, 해보지 못한 경험에 대한 욕구 등. 그 표현 방법 또한 천차만별이다. 여행을 떠나고 싶게 될지도 모르고, 향학심이 불타오를 수도 있을 것이며, 세상을 이롭게 하는 데 발 벗고 나서거나, 사랑을 찾아 나설 수도 있다. 분명한 것은 자신의 우주를 다시 건설하고 싶은 욕망이 일렁이는 시기는 다 다르고 그 계기도 다르다는 점이다. 더구나 누구에게나 과정이 천편일률적으로 적용된다면 결과도 똑같겠지만, 살면서 행해지는 기승전결에는 무수한 선택의 변수가 개입하므로 마치 주사위를 던지듯 단순한 결과로 이어지지도 않는다.

그 동기가 무엇이든 간에 삶에 숨구멍을 좀 틔어주는 것만으로도 슈퍼 사춘기는 멋지게 만개할 수 있다. 마음속 깊이 각인되어 있던 흑백사진을 칼라로 인화하고 박제되어 있던 자신에게 생기를 찾아주는 시도 말이다.

돈 있고 시간 있는 사람들에게만 해당되는 것이 아니냐고 반문할지도 모르겠다. 물론 당장 생계가 막막하다면 이런 시도를 꿈꾸는 것조차 사치일 수 있다. 그런 상태인 당신에게, '슈퍼 사춘기가 시작되었으니 사춘기답게 모험을 떠나고 좌충우돌하며 새로운 재미와 사고를 쳐라'라고 강요할 이는 아무도 없다. 다만 그저 '나이가 들어 무기력하다'거나 '이 나이에 새판은 무슨?'이라는 단언이 결코 우리 나이에 굴레 씌워진 만트라가 아님을 고려해주기 바란다.

슈퍼 사춘기가 끝날 무렵, 우리를 에워싼 환경도, 우리가 매일 즐기는 것도, 사랑의 형태도, 지금과는 크게 달라져 있을 것이다. 사람은 수많은 두려움과 도전들의 결합체고 그 두려움과 도전의 내용은 각자가 다 다르다. 만약 지금 당장은 두렵고 심지어 불운의 소용돌이에 말려 헤어나올 수 없을 듯한 절망감이 들더라도 한 번쯤 꿈틀대보자. 이 신기한 우리의 슈퍼 사춘기가 몇 차례 좌충우돌을 겪을 수도 있겠다. 그럼에도 불구하고 그 순간까지도 웃음보를 터뜨릴 즐거운 삶의 경험으로 치환되기를, 우리 앞에 펼쳐질 새로운 생이 풍성해지기를 바라는 마음을 듬뿍 안고서 말이다.

2장

전 세계 4050은 어떻게 사는가?

우리는 나이가 들면서 변하는 게 아닙니다.

보다 자기다워지는 것입니다.

린 홀

피터팬 제네레이션

심장을 뛰게 하는 새로운 리듬

인생에는 여러 가지 리듬이 있다. 빠르게 전개되는 리듬은 말초 신경을 자극해 황홀감을 준다. 그러나 한순간을 놓치면 전체의 맥락을 잃는다. 느린 리듬은 삶의 호흡도 고르게 만든다. 그러나 찰나도 내가 의미를 직접 생성해내지 않으면 흥이 살지 않는다. 어떤 리듬은 고요한데 가슴은 활활 타오르게 하기도 한다. 어떤 리듬은 귓가에서만 요란할 뿐 마음을 요동치게 하지는 못한다.

우리 시대 후기청년들이 뿜어내는 리듬은 어떤 것일까? 인생 중반기에 와글와글 새로운 리듬을 만들어내는 사람들이 정녕 이 시대에 많아졌는가? 어쩌면 지금 내가 그 시기를 통과하기 때문에 그들의 신호가 더 크게 잡히는 건지도 모른다. 자신이 어떤 상황을 통과할 때 비슷한 처지에 있는 사람들이 눈에 더욱 잘 들어오는 일은 비일비재하다. 망치를 들고 있으면 모든 것이 못으로 보이듯이 말이다. 임신을 기대하거나 임산부인 경우, 거리에 빌딩에, TV에 온통 임산부들이라며 세상에 임산부들이 이렇게 많았는지 몰랐다고 한다. 어쩌면 나도 이런 경험을 겪는 중인지 모르겠다. 당신도 그렇지 않은가?

이 지구라는 행성에서 다양한 인종과 문화를 배경으로 인생 중반기를 보내는 수많은 이들도 여기 우리처럼 두려움과 설렘이 반반 섞인 시기를 보낼 것이다. 누군가는 새로운 모험을 떠나고 또 누군가는 삶의 의미를 재설정하며 또 다른 누군가는 직업을 바꾸거나 새로운 사랑을 시도할 것이다.

그들이 만들어내는 리듬을 들여다보니 삶의 방향에는 이유 없는 결정들이 한몫하는 경우가 제법 있다는 사실을 알게 되었다. "어느 모로 보나 시간 낭비인 짓을 하는데도 당신은 웃고 있군요. 그렇다면 그건 더 이상 시간 낭비가 아닙니다"라는 파울로 코엘료의 말에 고개가 끄덕여진다. '어느 모로 보나 시간 낭비인 짓'이라는 규정은 누군가의 행위를 구경만 하는 사람들이 내린 결론일 가능성이 높다. 돈이 되거나, 명성이 올라가거나, 사회적 지위가 높아지거나, 유명해지거나…. 이런 항목에 해당하지 않는 일들을 남이 할 때 우리는 구경꾼의 입장에서 '저 사람 시간 낭비하고 있구먼'이라고 결론을 내리게 된다.

몰입해서 어떤 일을 하며 입가에 슬쩍 웃음이 번진다면 그 일은 심장을 뛰게 하고 가슴에 따뜻한 훈풍이 스치는 뿌듯한 일일 것이다. 마음이 시켜서 하는 일은 언제 하게 되는가? 어느 날 문득 내가 꿈꾸던 것들을 실천할 수 있는 시간이 그리 많이 남지 않았다는 생각이 들 때, 살아보니 가끔 마음이 동해서 했던 엉뚱한 짓들이 삶의 묘미를 더해주었던 일들이 떠올랐을 때 등 다양하겠지만, 무언가 마음이 끌리는 시도를 하기 위해 반드시 거대한 이유가 있어야 할 필요는 없다. 왠지 궁금해서 하루 종일 서점에 처박혀 있기도 하고 문득 사무쳐서 교회나 절로 달려가기도 하는 것이 사람이다. 마음과 행동이 그렇게 일치하는 순간 우리의 삶에는 변화가 시작된다.

후기청년만이 누릴 수 있는 특권

지구촌 40,50의 다양한 삶을 엿보며 어떤 이의 스토리에는 '아, 나도 한번 이렇게 해볼까?'라는 자극이, 어떤 이에게서는 '무엇이 이 사람을 이렇게 움직였을까' 하는 궁금증이 유발되었다. 우리 또래의 삶에 얼마나 다양한 스펙트럼이 가능한지에 감탄했고, 그 시기를 보내는 우리가 인종이나 사는 장소가 다름에도 얼마나 비슷한지 신기했다.

인생 중반기에 새로운 인생 리듬을 만드는 사람들이 특별히 나보다 가진 것이 많거나 학식이 뛰어나서 그렇게 할 수 있던 것이 아니라는 사실에 왠지 모를 안도감도 느껴졌다. 평범한 우리 또래가 사고치고 왁자지껄 소란 피우고 그 안에서 인생항로를 재설정하는 사연들에, 막연히 위축되었던 시선이 누그러졌다. 그저 자신들의 삶을 스스로 가치 있다고 생각한 방식으로 살아갈 뿐인 그들을 향해 부드러운 공감과 응원을 보내게 되었다. 무작정 부러워하거나 따라 할 필요도, 그들처럼 하지 못하는 처지를 비관할 필요가 없음도 깨달았다. 그저 울림 있는 경험으로 삶을 풍성하게 채우는 것에 자꾸 마음이 옮겨갈 뿐이다.

1년간 차를 직접 몰고 러시아를 횡단해서 유럽을 거쳐 산티아고 순례자의 길을 한 달간 걷는 것으로 마무리하는 여정을 떠났다 돌아온 친구 N은, 직장 생활을 충실히 하고 자신에게 주어진 사회에서의 몫을 다하며 살아온 40대 후반의 남자다. 그는 살던 집을 정리하고 갖고 있던 물건들을 주위에 나눠주는 것으로 여행 계획을 시작했다. 그간 쓸데없는 것들을 너무도 많이 갖고 있었다는 사실에 스스로 놀라웠다고 한다. 그는 지금 가진 것을 그 여정에 쓴다고 해서 더 나이든 후의 삶이 위태로워진다고 생각하지 않는다고 했다. 얼마가 되었든 쌓아 올려진 부분이 있으면 이번에 허물고 다시 새로운 형태로 쌓아 올리면 된다는 것이다. 돈이 있어야, 시간이 나야 새판을 짤 수 있는 것이 아니라 선택의 문제라고 했다. 그의 삶에 대한 시점은 명확했으며 그렇기에 고착화된 중년의 굴레도 그를 굴복시키지 못했다.

이 대목에서 1980년대 고교 시절 즐겨 보던 〈맥가이버〉가 떠올랐다. 이러저러한 사건을 해결하기 위해 동분서주하던 맥가이버의 피날레는 언제나 통쾌했다. 어떤 무기나 도구도 지니지 않은 그가 주변의 지형지물, 그것도 내 눈엔 쓰임새가 없어 보이는 쓰레기나 고물들을 활용해 무언가를 뚝딱 만들어내고 국면을 멋지게 전환하는 장면은 당연히 압권이었다. 자신 안에서 유용할 수 있는 지혜와 위트, 그리고 주위를 둘러보고 요리조리 다양한 시도를 해볼 배짱만 있다면 사태를 역전시킬 무기로 충분하다니! 어쩌면 이런 요소는 슈퍼 사춘기만이 누릴 수 있는 특권일지도 모른다.

여기에 이야기를 공유한 지구촌 후기청년들의 좌충우돌이 자기 삶의 형태와 동떨어져 있다 할지라도 단순히 소수의 특이한 사람들의 예라고 단정 짓지는 말자. 그들이 빚는 삶도 그들에게는 인생이며, 그만큼 우리에게 선택할 폭이 있음을 알게 해주는 정보라 여기는 것으로라도 그들의 리듬에 한 번쯤 귀 기울여볼 필요는 있다. 만약 당신이 아직 아무런 시도도 하지 않았다면 당신은 어쩌면 '잠자는 사자' 상태일지도 모른다. 코털만 건드려도 안에서 뿜어져 나오는 포효로 자신을 둘러싼 세상에 울림을 만드는 그 잠자는 사자 말이다.

앞서 소개한 엘프의 제안에 관한 시「무엇을 알고 있는지를 아는 것」를 지은 사이먼 아미티지는 맨체스터 메트로폴리탄대학교 교수로 있으면서 다수의 문학분야 상을 받기도 한 영국 태생의 시인이자 소설가다. 현재 50대 초반인 그는 자신을 포함한 우리 또래를 '피터팬 제네레이션'이라고 부른다. 늙지 않는 네버랜드를 마음속에 간직하고 어느 나이대이든 상관없이 기회가 된다면, 아니 기회를 만들어 그곳을 향하는 사람들이라는 것이다. 그는 이를 증명이라도 하듯 44세 때에 음악밴드를 결성했다. 뮤지션을 꿈꾸던 사춘기 시절의 꿈을 이때 발화시킨 것이다.

어쩌면 우리가 인생의 놀라운 반전에 마음을 열어두고 행동할 용기를 주는 원천, 신경망에 새겨진 그 이상적인 기대들은 마음속 네버랜드일지도 모른다. '오른쪽에서 두 번째, 직진해서 아침까지 쭉'이라는 네버랜드행 지표를 가슴 깊이 품고 보물섬으로의 모험 같은 원정을 향해 설레는 발걸음을 옮기는 피터팬처럼 말이다.

자신 안의
원톨로지스트

아웃소싱된 자아

이제 세계 곳곳에서 자신만의 리듬을 만들고 즐기는 다양한 후기청년들의 이야기를 만나볼 차례다. 그들이 새로운 리듬을 꿈꾸고 창조하고 그 리듬을 흠뻑 즐기기까지 사연은 그 동기도 과정도 다양하다. 단 한 가지의 공통점을 굳이 꼽자면, 그들은 실오라기 하나 걸치지 않은 맨몸으로 스스로가 원하는 바와 대면했고, 마침내 강렬히 추구했으며 그렇기에 인생 새 장에 흥겨운 리듬이 실렸다는 점이다.

자신이 원하는 바를 스스로 알아낸다는 것이 언뜻 쉬워 보이지만 실제 우리는 삶에서 내가 무엇을 원하는지 규명하지 않은 채

사는 경우가 많다. 혹은 어렴풋이 자신이 원한다고 믿었던 것이 단지 시장논리가 우리에게 '당신은 이걸 원하는 게 틀림없어'라고 무수히 세뇌한 것에 불과할 수 있다. 요즘처럼 어떤 일을 대신 해줄 사람을 돈 주고 고용하는 것이 보편화되어 있는 세상에서는 더욱 그렇다. 음식준비, 청소, 장보기, 나 자신이나 내 가족을 위해 양손 가득 장을 봐다가 고슬고슬하게 따뜻한 밥을 짓고, 광이 나도록 빨래해 빳빳하게 풀 다림질하는 일은 큰 고민 없이 외부의 손을 빌리는 분야가 된 지 오래다.

일상의 여러 일에 타인을 '고용'하는 현상은 그 범위가 훨씬 넓어졌다. 자녀의 이름을 짓는 일, 노부모의 일상을 돌보는 일, 강아지를 산책시키는 일, 친구를 위한 생일선물을 고르는 일, 돌아가신 친인척의 묘소를 대신 찾아가 주는 일뿐 아니라 인간의 섬세한 감정선이 오가야 가능한 영역인 연애를 할 때조차도 '밀당'의 한 수 한 수를 '러브코치'가 대신 표현해주기도 한다. 버클리 대학교의 알리 러셀 혹실드 박사는 이를 '아웃소싱된 자아'라고 불렀다.

급기야 '원톨로지Wantology'라는 분야까지 출현하게 되었다. 원톨로지는 'Want원하다'와 'ology탐구'를 결합한 신조어로 '원하는 것이 무엇인지를 찾아주는 일'을 의미한다. '당신은 진짜 당신이 원하는 것을 잘 모르니 내가 당신이 무얼 원하는지 대신 찾아주겠다'고 나선 사람들을 '원톨로지스트Wantologist'라 부른다.

그렇다면 삶의 새로운 여정을 찾기 위해 원톨로지스트를 아웃소싱해야 하는가? 원톨로지라는 신조어를 만들고 이를 사업화한 케빈 크리트만은 이렇게 말한다. 대부분 사람이 무엇을 원하는지 찾고자 벌거벗고 자기 자신과 마주하려 하지 않고 그냥 쉽게 누군가 대신 '지시'해주길 원하기 때문에 원톨로지스트가 성행하는 것일지도 모른다고 말이다.

원하는 것을 잘 알아야 자신의 역사가 시작된다

'내가 진짜 원하는 그 무엇, 목마름, 갈망이 정녕 내 영혼이 원하는 것일까?'를 되짚어보는 것은 자신이 만들어야 할 자기 역사의 시작이다. 그 시작에는 진실과 마주할 용기가 필요하다. 우리 안에 분명 내재해 있는, 그러나 시장이 압박하고 타인의 눈이 두려워 꼭꼭 숨겨두었던 내 안의 원톨로지스트를 마치 요술램프에서 지니를 불러내듯 끄집어내 대면하는 일을 시도해보는 것으로 그 여정은 시작된다. 자신 안의 원톨로지스트를 끄집어내기 위해 우선 이런 질문부터 스스로에게 던져보자. '앞으로 10년간 자신이 일구어내고 싶은 변화는 무엇인가?'

'라이프 리이매진드Life Reimagined'라는 단체는 '자신의 재능을 재

발견하고 새로운 가능성을 탐험하며 최상의 삶을 향해 나아가는 인생 중반기 통과자들이 만든 커뮤니티'를 표방한다. 이 단체와 미국의 일간지 《유에스에이투데이》에서 공동 조사한 결과에 따르면, 지금의 40,50대는 여전히 앞으로의 삶에서 다양한 변화를 일구어내고 싶어했다. 3명 중 1명은 향후 5~10년에 걸쳐 자신들의 삶을 성공적으로 변화시키는 데 '자신 있다'고 답했고, 2명 중 1명은 '매우 자신 있다'고 답했다. 결과를 종합하면 다음과 같다.

항목	비율
세상을 좀 더 살기 좋은 곳으로 만드는 데 기여하는 활동을 더 많이 하는 것	82%
잃었거나 간직하기만 했던 꿈을 이루는 것	80%
자신만의 삶의 의미를 찾는 것	75%
여행을 떠나는 것	74%
새로운 취미생활을 만드는 것	53%
개인적 삶에 변화를 만드는 것	48%
직업적인 면에서 변화를 만드는 것	46%

••• 4050이 향후 10년간 일구어내고 싶은 변화

당신은 어떤가? 여기에 언급되지 않은 자신만의 이유를 가진 당신을 진심으로 응원한다. 그 다양한 이유야말로 우리 시대 후기 청년들의 슈퍼 사춘기를 더욱 찬란하게 만드는 수많은 별일 것이기에.

미션 임파서블

1년밖에 살날이 남지 않았다면?

어느 날 전 세계 모든 사람에게 동시에 자신의 사망일자가 문자로 전송되는 사건이 발생한다.

"당신은 ○○년 ○○일 후에 죽습니다."

단순 장난인지 진짜일지 모르는 상태에서도 사람들은 그 문자에 예민하게 반응한다. 어떤 여인은 복받쳐 왈칵 눈물을 쏟아내고, 길을 걷던 남자는 발을 멈추고 강이 보이는 의자에 멍한 표정으로 앉는다. 문자에 대수롭지 않다고 반응하면서도 자신에게 날아온 '당신은 2분 후 죽게 된다'는 문자가 신경 쓰여 전기코드를 죄다 뽑고 집 안에 위험해 보이는 물건을 치우는 사람도 있다.

우연의 일치인지 계속 사망 사건이 발생하는데, 희생자가 정확하게 전송 받은 사망예측일에 죽었다는 기사가 나온다. SNS에서는 곧바로 마치 놀이처럼 자신의 사망일자를 시험하는 사람들의 영상과 글들이 올라오기 시작한다. '당신은 102년 후에 죽습니다'라는 문자를 받은 한 흑인 청년은 자신이 세상에서 제일 오래 살 것으로 생각해 축하 파티를 여는 장면을 유튜브에 올렸다. 62년 후에 죽는다는 문자를 받은 다른 청년은 자신의 운명을 실험해보겠다며 높은 층에서 뛰어내리는 영상을 찍어 올린다. 영상에는 그가 떨어질 때 마침 그 밑을 지나가던 사람이 깔려 죽고 청년은 벌떡 일어나는데, 그 장면이 고스란히 전송된다.

다운증후군 아들을 보살피며 사는 나이든 엄마는, 자신에게 10개월 후라는 문자가, 아들에게는 16년 후라는 문자가 왔음을 확인한다. 자신보다 10여 년을 더 살아야 하는 아들이 혼자 세상을 헤쳐나가지 못할 것을 걱정하며 밤새워 뒤척이다 베개를 들고 아들 방으로 들어간다. 끓어오르는 슬픔과 함께 베개로 자는 아들의 얼굴을 누르는 엄마. 아들이 바둥거리자 베개를 치우고 모자는 끌어안고 흐느껴 운다.

다음 날 사람들은 출근하지 않는다. 대부분 분쟁지역에서는 전쟁이 멈췄다. 세계의 화약고라 불리는 곳에도 사망예측일이 전달되었기 때문이다. SNS의 소통 주제도 확 바뀌었다. 이제 '앞으로 남은 생을 어떻게 살아가야 할까'라는 질문이 온라인을 뜨겁게 달군다. "아무것도 바뀐 것은 없다. 그대로 살던 대로 사는 거지" 라고 답하는 한 남자의 얼굴엔 불안과 더불어 뭔지 모를 아쉬움이 가득하다.

SNS에는 강렬한 대비가 나타나기 시작한다. 10대나 20대들은 여전히 자신의 운명을 시험하는 놀이나 파티를 계속하는데, 인생을 더 산 사람들은 다른 행태를 보인다. 그들로 인해 SNS에는 어제와는 확연히 달라진 영상들이 올라오기 시작한다. 사람들이 차분히 자신의 이름과 앞으로 살날이 얼마인지를 밝히고 그날들을 어떻게 살지를 세상의 누군가에게 털어놓는 것이다. 살날이 12년 남았다고 밝힌 한 남자는 책상 앞에 성냥개비를 산더미처럼 쌓아 놓고 담담하지만 왠지 모를 설렘이 깃든 표정으로 말한다. 이제부터 성냥개비로 타이타닉호를 만들 거라고. 어깨에 커다란 금관악기인 수자폰을 메고 앞으로 6년의 시간이 주어졌다고 말한 다른 사람은 이제부터 이 악기를 배울 것이라며 숨을 힘껏 들이마시고 아직은 엉성한 소리만 나오는 수자폰을 불기 시작한다. 그들의 얼굴에는 얼핏 자신감과 희망이 스치는 듯하다.

〈이웃집에 신이 산다〉는 제목으로 우리나라에 개봉된 유럽영화의 앞부분 내용이다. 만약 당신이 죽는 날짜를 미리 안다면 어찌할 것인가? 죽음의 대한 실감은 아마도 20대보다 40대가 더 와 닿을 수 있다. 단순히 늙어가기 때문이 아니라 살아오면서 부모님이나 주변인들을 잃은 횟수가 많아지고 우리 자신도 언젠가는 죽음을 맞이하게 되리라는 것을 더 자주 목도하기 때문이다. 그러한 경험의 축적은 죽음을 어떻게 맞이할 것인가로 질문이 옮겨지게 한다.

영화 속 이야기이지만, 자신의 죽음에 처음엔 망연자실하던 사람들이 다음 날 남은 생을 어떻게 보낼 것인지로 자신을 추스른다는 점에 나는 깊이 공감했다. 물론 죽는 날짜를 전송 받은 사람들의 반응은 제각각일 것이다. 영화에서처럼 남은 생을 하고 싶은 일을 하겠노라 결심하는 사람도 있겠고, 사랑을 찾아 떠난 사람도 있을 것이며, 그저 어제와 다를 바 없이 주어진 하루하루를 살겠다는 이도 있을 것이다. 무엇을 선택하든 간에 삶에 대한 다른 관점이 생기며 앞으로 어떻게 살 것인지에 대한 깊은 고민을 마주하게 될 것이다. 중요한 것은 죽음에 대한 나름대로의 통찰은 삶을 추동한다는 점이다.

세상에서 가장 행복한 국민이라는 별칭을 가진 부탄 사람들에게서 그 힌트를 엿볼 수 있다. 국민행복지수를 조사하면 언제나 1위를 차지하는 이 히말라야의 조그만 나라 사람들은 왜 자신들의 삶이 행복하다고 스스럼없이 말하는가? 서구에 비하면 턱없이 가난한 일상이며 그렇다고 다른 국가에 비해 수명이 길지도 않은 곳임에도 불구하고 말이다. 《뉴욕타임스》 기자 출신으로 『행복의 지도』의 저자인 에릭 와이너는 그 답이 궁금해 부탄에 직접 가서 사람들을 만나고 체험했던 이야기를 이렇게 풀어놓는다. 부탄에서는 어릴 때부터 매일 5분간 죽음에 대해 생각하는 습관을 들인다는 것이다. 이는 죽음도 생의 일부로 받아들이는 훈련임과 동시에, 자신을 두렵게 만드는 것들에 당당하게 대면함으로써 생의 한순간 한순간이 귀하다는 것을 체화하는 명상이며 그동안 보이지 않던 것이 보이게 되는 선물을 얻는 습관이라는 것이다. 문득 금욕주의로 알려진 스토아 철학의 현자, 세네카가 세상 사람들을 향해 던진 다음의 질문이 떠오른다. "살아 있을 때 사랑 받고, 이승에서 사라짐을 사무치게 아쉬워할 존재가 되도록 자신을 만들지 않는 이유는 무엇인가? 무엇 때문에 즐거울 수 있음에도 즐겁게 살지 않는가? 왜 그렇게 사는가?"

••• 부탄에서는 어릴 때부터 매일 5분간 죽음에 대해 생각하는 습관을 들인다.

영국에 사는 카렌 윌리엄스가 죽음이 삶을 추동하는 역학관계에 대해 처음 대면한 시점은 7년 전으로 거슬러 올라간다. 7년 전 절친인 사라의 부모님이 연달아 돌아가시자 사라는 직장을 그만두고 그녀가 평생 원하던 일인 6개월간 호주 여행을 결정했다. 그리고 돌아온 지 2년 후 갑자기 세상을 떠났다. 사라가 카렌에게 남긴 유언은 이러했다. "삶을 움켜잡고 꿈을 실현하며 살아라. 언제든 어디서든 할 수 있을 때마다. 결국 우리 모두는 우리에게 얼마만큼의 시간이 허락되는지 알 수 없으니까." 그렇게 4년이 흘렀으나 카렌은 사라의 유언을 마음속에 간직할 뿐 무언가를 할 엄두를 내지는 못했다. 그 후 아버지가 암으로 돌아가시자 죽음은 카렌의 화두가 되었다.

신체적으로나 정신적으로 건강한 삶을 살던 40대 여성인 카렌은 18세 때부터 연인이던 첫사랑 남편과 함께 행복한 결혼생활을 해왔고 직장을 병행하며 지난 20여 년을 순탄하게 살아왔다. 아주 소심하고 수줍은 아이였다고 자신을 회상하는 카렌은, 그럼에도 안전한 인생보다는 도전하고 모험하는 인생을 늘 동경해왔다고 고백한다.

죽음과 삶에 대한 화두를 품고 산 지 몇 년이 지났지만 실제로 무언가를 해야겠다는 결심은 40대가 되어서야 굳건해졌다. 비극적 사건과 상실이 보다 깨어 있는 삶을 살겠다고 결심하는 큰 동기가 되었다. 또 슈퍼 사춘기를 맞은 그녀로 하여금 자기 자신을 제한하는 신념들에 자포자기하기 일쑤였던 지난날과 이별을 고하고 앞으로의 인생을 더욱 진취적으로 살고 싶은 마음을 행동으로 옮기도록 했다.

카렌은 친구 세 명과 함께 '오직 살 수 있는 날이 단 1년뿐이라면'이라는 가정하에 살아보는 'Year to Live project'에 참여하기로 했다. 원래 이 프로그램은 말기 환자들을 위한 용서와 힐링 워크숍이었는데 일반인들의 보다 깨어 있는 삶을 위한 코스도 제공하고 있었다. 그녀의 목적은 두려움을 탐험하는 것이다. 실패나 부상에 대한 두려움, 혹은 두려움 그 자체는 늘 그녀의 발목을 잡고 머뭇거리게 하는 원인이었기 때문이다.

'오직 살 수 있는 날이 단 1년뿐이라면' 프로젝트를 시작하면서 카렌이 첫 번째 미션으로 도전한 것은 스키 타기였다. 가파른 슬로프가 두려워 한 번도 제대로 해보지 못하고 늘 남편이 스키 타는 모습을 부러워만 하던 자신에게 두려움을 떨칠 첫걸음으로 부여한 미션인 것이다. 평생 엄두도 못 낼 것 같던 가장 고난도 코스에서 스키 타기에 성공하자 그 성취감은 이루 말할 수 없었다. 그렇게 원하면서도 막연한 두려움 때문에 시도조차 하지 않았던 그간 자신의 행태가 의아스러울 정도였다.

그녀는 두 번째 미션으로 자선단체의 기금 모금을 위한 스카이다이빙 도전자로 나섰다. 1만 5,000피트 상공에서 낙하할 그 떨리는 순간을 준비하면서 어쩌면 잘못되어 목숨을 잃을 수도 있다는 생각이 스치자, 카렌은 남편과 부모님에게 그들이 얼마나 소중한 존재인지에 대해 평생 써본 적 없는 연서를 정성껏 적어 내려갔다. 어린 시절부터 늘 그녀의 발목을 붙잡았던 막연한 두려움들에서 벗어나기 위한 도전이었지만, 이를 통해 그녀는 더 큰 것을 깨달았다. 자신이 아끼는 사람들에게 사랑한다고 말하기 위해 죽는 순간까지 기다릴 필요가 없다는 것을.

1년간 프로젝트에서 대미를 장식한 미션은 산모와 아기를 위협하는 질병 연구 기금 모금을 위한 페루의 마추픽추 등반에 참여하는 것이었다. 그녀는 험난한 고산지대를 온 힘을 다해 오르다가 중간쯤에서 심각한 고산병에 노출되고 말았다. 병원에 실려 가 응급처치를 받아야 할 만큼 위태로웠지만 포기하지 않고 트랙을 완주하기로 마음먹었다. 그리고 함께한 그룹과 더불어 9만 파운드를 모금하는 데 기여함으로써 1년간 프로젝트의 대미를 뿌듯하게 장식했다.

카렌은 지난 1년 동안이 생애를 통틀어 가장 기억에 남는 무언가를 얻게 된 나날이었다고 말한다. 오랫동안 자신 안에서 똬리를 틀었던 막연한 두려움, 실체 없는 불안감들을 다루는 방법들을 알게 되었기에, 앞으로의 인생을 어떻게 살고 싶은지 이제 분명해졌다고 한다. 삶을 그저 되는 대로 살아가려는 수많은 핑곗거리들과 당당히 맞서며 살아갈 스스로가 대견하며, 태어나 처음으로 삶 자체가 설렌다는 것이다. 이제 1년간의 프로젝트를 마무리한 그녀는 새로운 인생을 시작하였다.

카렌은 40대가 삶에서 무엇이 진정으로 중요한 것인가에 대한 현실감각을 일깨우는 데 안성맞춤인 때인 듯싶다며, 이상하리만치 작은 시도로도 그 전과 후, 자신에게 발현되는 관점의 차이는 크더라고 고백한다. 자신 앞의 생을 이제까지와는 다르게 주조하고 싶은 마음이 들 때, 오늘보다 나은 내일의 삶이 궁금해질 때, 그저 작은 시도라도 해보라고 말이다. 인생을 확 바꾸겠다든가, 세상을 뒤집어 놓겠다든가 하는 거대한 목표는 애초부터 필요 없을지 모른다. 카렌처럼 그저 자신에게 들러붙어 삶을 무기력하게 만드는 훼방꾼을 제거하는 것만으로도 삶의 아름다움에 대한 강렬한 감사와 조용한 치유라는 동력이 주어질 수 있다.

'타임 트윈'을 찾아서

1974년 12월 1일 생인 스코틀랜드의 리차드 에이비스는 어릴 적부터 꼭 풀어보고 싶은 궁금증이 있었다. 나와 같은 날에 태어난 지구촌 어딘가의 누군가는 어떻게 살고 있을까, 내가 만약 이 나라가 아닌 다른 곳에서 태어났더라면 내 인생은 어떻게 달라졌을까, 이 행성에서 그들의 인생 여행은 흥미진진할까 등이 무척 궁금했다.

이 생각은 그의 가슴속에서 씨앗으로만 머물다가 부모님이 돌아가시자 거세게 자라기 시작했다. 14년을 평범한 샐러리맨으로 살아온 리차드는 마흔을 앞두고 인생에 가장 중요한 것이 무엇인가를 더욱 반추하게 되었다. 마흔 살 생일을 앞둔 어느 날 궁금증을 직접 풀어보기로 결심한다. 전 세계를 돌아다니며 40인의 '타임 트윈(자신과 같은 해 같은 날 태어난 사람들)'을 직접 만나보자는 계획이다.

온 가족의 기쁨과 환호 속에 새 여행지로 지구를 택해 같은 분량만큼 살아온 이들은 무엇을 이뤄왔으며 그들의 불타는 야망은 무엇인가, 40대를 앞둔 그들은 자신의 인생 중 정점을 지났다고 생각하는가 화려한 시절이 아직 오지 않았다고 생각하는가……. 꼬리에 꼬리를 무는 수많은 질문 거리를 가득 품고 리차드는 타임 트윈을 찾아 나서는 지구촌 수색 프로젝트에 돌입한다.

유난히 낯을 가리고 내성적인 리차드가 자신의 계획을 오랜 절친 3명에게 털어놓자, 친구들은 대수롭지 않게 여겼다. 잠깐의 침묵 후에 세 친구는 너 나 할 것 없이 리차드에게 열띤 응원과 격려를 퍼부었다. 리차드는 친구들에게서 힘을 얻었지만 사실 친구들의 속내는 달랐다. '설마 이 소심하고 여린 친구가 그 어마어마한 계획을 실행할 수 있겠는가? 평생 간직해온 궁금증이었다니 기죽지 않게 말로라도 용기를 주어야지' 했던 것이다. 그런데 얼마 후 리차드가 짐을 꾸리자 친구들은 놀라움을 금치 못했다. 그리고 그들은 리차드의 타임 트윈 프로젝트의 열렬한 조력자로 나서주었다.

지구촌 어딘가에서 엄마 뱃속을 나와 울음을 터뜨린 생년월일 공유자들은 2만 5,000명당 1명꼴이다. 이들을 찾아내는 것은 덤불 속에서 바늘을 찾는 작업과 같다. 그의 프로젝트는 초반에 수많은 우여곡절을 겪었다. 생년월일이 같은 40개국 400명의 타임 트윈에게 이메일을 보냈지만 대부분 스팸메일이라고 생각했는지 답장을 보내오지 않았다. 인터넷을 뒤지고 지인들을 동원하고 군중이 모이는 페스티벌에 찾아가 푯말을 들고 수소문하기를 수십 차례. 끈질긴 추적을 통해 유럽과 미국, 호주, 아시아를 종횡하며 리차드는 네덜란드의 보디빌딩 챔피언, 뉴욕의 연기자, 이탈리아 소도시 시장, 노르웨이의 올림픽 경기 참가 선수 등을 포함해 인종, 성별, 종교, 직업, 사회적 배경이 다른 타임 트윈을 만나 서로의 궁금증을 나눌 수 있었다.

같은 날 태어났어도 각기 다른 인생행로를 따라 40년을 살아온 낯선 땅의 친구들과 울고 웃으며 세상의 수천 가지 삶과 모험을 공유한 리차드는 뜻밖에도 그들 사이에 공통점을 찾을 수 있었다. 세상 돌아가는 일에 지대한 관심이 있고 여행을 즐기며 독서광들이라는 점이었다.

주위의 누구도 리차드가 해낼 것이라 여기지 않았던 이 대장정은 리차드뿐 아니라 그를 아는 모든 사람과, 그가 타임 트윈 프로젝트를 통해 새로 만나게 된 수많은 이들에게 커다란 파도를 일으켰다. 그들 중 이제 40대부터는 그저 하강곡선이라는 속설을 믿는 사람은 아무도 없어졌다. 40대는 인생을 돌아보는 동시에 새로운 항해를 꿈꾸는 시기라는 데 고개를 끄덕였다.

사람은 어느 굽이에서인가 한번쯤은 인생을 돌아보며 '내 지난 시간 동안 나는 무엇을 해왔는가?' 자신에게 묻기도 하고 '그때 내가 다르게 결정했더라면…'이라는 상상에 사로잡힐 때가 있다. 그때야말로 '앞으로 나는 어떻게 살고 싶은가'에 대해 완전히 새로운 통찰을 깨우는 '황홀한 폭로'의 순간일 것이다.

리스트가 준 선물

아이 때는 온 세상의 중심이 '나'로 수렴된다. 보살핌을 받으며 '나'의 욕구에 충실한 것만으로도 아이는 무럭무럭 자란다. 다른 아이가 갖고 노는 인형을 갖고 싶으면 빼앗아오면서도 아무런 거리낌 없던 아이는, 어느새 자신의 인형을 다른 아이가 갖고 놀게도 해주며 그 아이가 즐거워하는 모습에 자신도 즐거울 수 있음을 깨닫게 된다. 이렇게 서서히 아이는 '나' 중심의 세상에서 '타인'과 공존하는 세상으로 진입한다.

만약 자신의 관점이 타인 중심으로 변한 것을 깨닫게 된 가장 강렬한 첫 기억을 꼽으라면 무엇을 들 수 있을까? 누군가는 인생 반쪽을 만났을 때, 누군가는 첫아이를 낳았을 때를 주저 없이 꼽기도 하지만 이러한 변화는 점차 오기 때문에 첫날로 꼽는 데 주저하는 이도 있다.

그렇다면 시각이 언제 다시 자기 자신을 중심으로 모이며, 주변과 나의 간극을 조율하고 이를 통하여 자신의 가치와 열망을 되살리게 되는가? 이에 대한 대답도 천차만별일 것이다. 과거 우리 선배들 세상에서는 획일적으로 아이들에게 더는 부모의 손길이 필요 없어졌을 때나 배우자가 곁을 떠났을 때로 수렴되기도 했지만 말이다.

전업주부로 세 아이를 기르며 본인을 '슈퍼맘'이라 여겨온 수잔 크로스는 자신의 시각이 더 이상 자신을 향하지 않게 된 첫 사건을 명확하게 기억하고 있었다. 아이가 태어난 이후 자신의 모든 의사결정과 삶의 면면은 아이들 중심으로 변했기 때문이다. 결혼 후 여태껏 모든 것을 아이들 키우는 데에만 집중해온 그녀가 갑자기 '이 세상에서 자신은 지워진 것이 아닐까'라는 충격적인 질문을 스스로에게 던진 것은 30대 후반의 어느 날이었다. 아이들에게만 온통 관심이 쏠려 있는 사이 자신의 꿈은 사라져버린 현실이 갑자기 현기증을 불러일으켰다. 아이들이 소중하고 그들로부터 얻는 기쁨은 크지만, 한편으로 자신의 삶을 아이들의 그것과 동일시하면서 너무도 작아져버린 자신을 향해 '너의 인생은?'이라는 질문이 고개를 든 것이다. 아이들은 아직 엄마의 손길이 필요한 나이지만 그렇다고 자신의 모든 것을 마냥 아이들에게만 쏟아붓는 일을 계속하고 싶지 않았다. 그렇게 수잔도 슈퍼 사춘기에 진입한 것이다.

수잔은 이대로는 안 되겠다 싶어 무엇인가 시도해보자고 마음먹었다. 그런데 무엇을 하지? 그녀는 우선 생각나는 대로 하고 싶은 일들을 끄적여보기로 했다. 자신이 어릴 적 꿈꾸던 거대한 꿈부터 일상의 소소한 희망사항까지 해보고 싶은 일들을 나열하기 시작했다. 황당한 것이든 소소한 것이든 생각날 때마다 적어 나가자 어느새 리스트는 몇십 장 분량이 되었다. 수잔은 그저 하나하나 하고 싶은 일을 적어나가는 것만으로도 벌써 콩닥거리는 자신의 심장을 느낄 수 있었다. 시간이 흐르며 리스트는 점점 정교해지기 시작했다. 진짜 자신이 하고 싶은 일이 아니라 자신이 그렇게 하면 누군가에게 멋져 보일 것 같아 적어둔 일들, 두서너 개를 하나로 합쳐 실행해도 될 일들, 초기에 간절하다고 생각했지만 차근히 적다 보니 더 이상 의미 없어진 일들이 눈에 들어오고 그것들을 빼고 나니 생각도 일상도 훨씬 알차지는 듯했다. 고민에 고민을 거듭한 끝에, '작은 배역이라도 출연료를 받는 연기자 되기', '자신에게 맞는 종교 찾기'를 포함해 40개를 고르기로 했다. 그리고 머지않아 곧 40세가 되는 자신에게 축하를 건네며, 추리고 추린 그 40개의 미션을 실행하기로 했다.

막상 행동에 옮길 때가 되자 수잔의 마음속에서는 온갖 의심들이 고개를 들었다. '정말 해낼 수 있을까'부터 '너무 어려울 것 같다'는 자신감 상실을 거쳐 급기야 '쓸데없이 이런 건 해서 무얼 하게'라는 회의에 이르기까지 하루에도 몇 번씩 포기를 종용하는 또 다른 자신이 등장해 의지를 꺾었다. 그럴 때면 수잔은 '이 일을 하기에 지금보다 더 좋은 때는 없다'고 자신을 향해 되뇌었다. 거대한 꿈을 이루려는 것도, 쳇바퀴 도는 일상을 벗어나려는 몸부림도 아니며, 단지 자신에게 온전히 자신만을 위한 기회를 주려는 것이라고 타일렀다. 그리고 리스트를 펼쳐 하루나 이틀쯤이 소요되는 작은 미션부터 풀어나가기로 했다.

누가 그랬던가, 모든 위대한 것들에도 일단 처음이 있었다고. 그렇다. 첫 시작이 어려운 것이다. '닥치고 실행'은 이후 연쇄적 반응으로 이어졌다. 첫 미션을 마치자 수잔의 눈은 넓어졌고 자신감은 높아졌다. 한 단계 한 단계 조금씩 시간과 열정과 네트워크가 더 필요한 일들로 자연스럽게 옮겨가게 되었다. 리스트 중 어떤 일은 미리 계획하거나 출장이 필요한 일도 있는데, 그럴 때면 주위에서 도움을 주는 사람들을 어렵지 않게 찾을 수 있었다. 친구들, 도서관 사서, 문화센터 상담소 등 필요한 정보와 자료, 네트워크를 연결해줄 라인이 그렇게 많다는 사실을 알게 된 것도 그녀가 얻은 큰 수확이었다.

몇 개쯤 달성하다 보니 탄력이 붙어 처음엔 엄청 어렵다고 생각되었던 일들이 점점 수월하게 이루어지는 것을 느꼈다. 예컨대 수잔의 도전 중 하나인 '존경하지만 잘 아는 사이는 아닌 누군가를 점심식사에 초대하자'는 미션이 진행된 상황을 살펴보자. 수잔은 평소 존경하던 자폐증 치료센터의 이사인 낸시에게 점심식사를 함께하자고 청했다. 낸시는 잘 아는 사이가 아니었음에도 아이들의 건강에 관련한 몇몇 행사에 참여해온 수잔을 기억하고 기꺼이 식사 요청해 응해주었다. 그렇게 하나의 미션이 달성되는 줄 알았는데, 이 상황은 다른 미션을 해결하는 지렛대 역할로도 작용했다. 수잔은 식사하며 이런저런 담소를 나누다가 자신의 리스트에 대해 이야기했고, 낸시는 그녀가 운영하는 자선단체에 관해 이야기했다. 식사 말미에 낸시와 수잔은 그 자선단체의 특별한 활동에 함께하기로 하면서, '의미 있는 단체에 참여하기'라는 수잔의 또 다른 미션의 달성을 끌어냈다.

그 리스트의 40번째, 그러니까 마지막 미션으로 수잔이 적어놓은 일은 책 쓰기였다. '40번째 생일까지 40개의 미션을 달성하자'는 계획은 데드라인을 좀 넘겼지만, 40세가 지난 어느 날 수잔은 책 쓰기를 완성했고 마침내 저자가 되었다. 1부터 39까지 스스로 가치 있다고 판단한 리스트의 미션들, 그리고 그것들을 하나씩 이루어가는 과정, 그 과정에서 빛나는 순간을 만들어낸 인생의 깨달음 등을 담아 독자와도 만나게 된 것이다. 수잔은 40개의 미션을 하나씩 이루면서 자신의 삶은 완전히 바뀌었다고 말한다. 여전히 슈퍼맘이 주요 일상이지만, 작은 배역을 맡아 연극무대에도 서고 자신의 경험을 공유하는 모임도 꾸리면서 지난날과는 차원이 다른 행복을 느끼며 사느라 바쁘다는 것이다.

사고치기의 인생철학

켄 휴즈는 은퇴 후 몇 년간 거의 활동을 하지 않은 74세 아버지와 대화를 나누다, 아버지로부터 요새는 하루가 너무 빨리 간다는 푸념을 듣게 되었다. 시간이라는 것은 눈에 보이는 실체라기보다 사회가 약속한 개념인데, 누군가는 빨리 간다고 생각하고 또 누군가는 천천히 간다고 느끼는 이유가 무엇일까? 켄은 하루, 일주일, 일 년을 돌이켜보며 시간의 속도를 결정하는 우리 머릿속 메커니즘은 추억 혹은 기억이 아닐까 생각하게 된다. 아무 일도 하지 않으면 하루는 그냥 없어져버리고, 여러 사건으로 알차게 보낸 날의 기억은 그 시간을 길고 풍성하게 느껴지도록 하기 때문이다.

켄은 40세를 맞아 이제야말로 인생에 어떤 도전이 필요한 시기라고 생각했고, 이 주제는 자신이 증명해보고 싶은 도전이었다. 도전주제를 찾았으니 이를 통해 앞으로 인생을 펼쳐나갈 동력으로 만들어야겠다는 의지가 불타올랐다. 그러나 이 도전을 위해 직장을 그만두고 훌쩍 떠나거나 전 재산을 털어 무언가를 할 수 있는 여유는 없었다. 일상을 유지하면서 자신의 인생을 새로 설계해 볼 아이디어를 찾던 그는 작은 것이라도 매일 새로운 경험을 해보자고 마음먹었다. 365일간 매일 이제까지 하지 않았던 일들을 단 하루도 겹치지 않게 해보기로 했다.

처음에는 그리 어렵지 않았다. 일상의 소소한 일 중에도 태어나서 한 번도 해보지 않은 일들이 쏠쏠했다. 뜨개질하기, 자신의 치과주치의의 이 닦아주기, 문신하기, 눈밭에서 구르기, 아침으로 초콜릿 케이크 먹기, 집 근처 문화센터 줌바춤 클래스에 단 한 명의 남자 회원 되기, 동네에서 주최한 성패트릭데이 퍼레이드에 온몸을 초록색으로 칠하고 참석하기 등 크고 작은 새로운 경험이 켄에게 활력을 불어넣었다.

그런데 80일이 지나자 여태껏 한 번도 경험하지 않은 일들을 찾는 것이 난관에 부닥쳤다. 이 시점부터 켄의 사고방식과 행동양식은 철저히 바뀌기 시작했다. 무슨 일을 하든 창의적으로 하지 않으면 안 되었다. 혁신적이면서도 스스로에게 즐거움을 주는 방식으로 처리하도록 온갖 스킬을 다 동원해야 했다. 가족이나 친구들이 해달라는 일들에 빈둥거리면서 외면했던 지난날의 켄은 자취를 감춘 지 오래다. 오히려 나서서 뭐 도와줄 거 없을까 하고 주변을 두리번거린다.

켄은 이때를 성인이 된 후 처음으로 자신의 인생철학에 대해 스스로 명확해진 시기라고 고백한다. 세상을 보는 눈이 달라진 것이다. 예전에 해결하지 못했던 문제도 새로운 방법을 찾아 접근해 보니 해결되더라는 점을 알게 되었다. 아무 의미 없이 오토모드로 행하고 보고 지나치던 것들을 새롭게 보니 안 보이던 그 안의 작은 우주들이 말을 건네왔다. 시간의 흐름도 생각하기 나름이어서, 내면 생기는 것이 시간이라는 점도 깨닫게 되었다.

280일이 남았을 때 새로운 도전거리를 찾는 것이 녹록하지 않자 켄은 친구와 지인들 그리고 페이스북을 통해 매일 할 새로운 아이디어를 보태달라고 요청했다. 재미있고 의미 있고 때로는 약간 미친 짓도 포함해서 말이다. 장례식 때 묘자리 파기, 소젖 짜기 등 친구들이 보태준 아이디어를 체험하면서 그만의 인생철학은 점차 다듬어지고 깊어졌다.

개인적 도전으로 시작한 켄의 이 괴이하지만 유쾌한 365일의 경험들은 그의 인생철학과 삶의 태도를 바꾸었으며, 소비심리학과 행동경제학 분야 연구자인 그가 직업적으로도 큰 성과를 이루도록 하는 기반이 되어주었다. 켄은 전 세계로 송출되는 강연회인 TED에 출연해 자신의 경험을 공유할 기회를 얻게 되었을 뿐 아니라 그간의 경험을 사례화해 연구 성과도 만들어냈다.

인생 다모작 시대

재능 발견에 늦은 때란 없다

미국에 사는 40대 초반의 외과의사 토니 서코리아는 1994년 어느 날 모임을 마치고 집으로 돌아가던 중 공중전화를 걸게 되었다. 전화부스 안에 들어가 수화기를 들고 있던 그는 번쩍하는 섬광과 함께 극심한 통증을 느끼며 정신을 잃었다. 번개가 정통으로 공중전화 부스를 내리친 것이다. 다행히 전화를 사용하려고 줄을 서 있던 사람 중에 간호사가 있었다. 그는 간호사에 의해 응급처치를 받고 구사일생으로 목숨을 구했는데, 의식을 회복한 것은 2주 후의 일이었다. 병원에서 회복기를 거쳐 점차 일상으로 돌아오는 중에 토니에게 의학적으로 설명할 수 없는 현상이 나타나기 시작했다. 그의 머릿속에 마치 홍수처럼 주체할 수 없이 멜로디와 악상들이 밀려든 것이다. 제대로 음악을 공부한 적도 없는데 잠을 자다가도 악상이 떠오르고 클래식 악보를 자유자재로 해석하는 자신을 발견했다. 토니는 솟구치는 음악에 대한 열정만으로 피아노를 샀고 얼마 안 가 마치 베테랑 연주자처럼 피아노를 치게 되었다. 이후 그는 의사를 그만두고 음악가의 삶을 살기 시작했으며, 현재는 이름 있는 작곡가이자 연주자로 활약하고 있다. 뇌과학자들은 번개가 어떤 충격을 가해 토니의 뇌가 재조직되도록 자극하고 이때 잠자던 토니의 음악성이 드러나게 되었다고 보았다.

토니의 경우 40대에 의도치 않게 완전히 새로운 직업으로 전환한 사례다. 어느 날 갑자기 번개를 맞고 완전히 새로운 재능이 발현되고 열정적으로 그 재능을 끌어안아 이전과는 완전히 다른 분야에서 일하게 된 것이다.

우리는 왜 직업을 구하고 어떻게 직장을 선택할까? 최근 갤럽 조사에 따르면, 자신의 직장이나 직업이 좋아서라기보다 생계를 위해서 혹은 실업자라는 낙인이 싫어서라는 경우가 더 많았다. 그러다 보니 전 세대에 걸쳐 직장 일이 행복하지 않다고 느끼는 비율이 더 높을 수밖에 없다. 20년 가까이 일한 40대 이후의 경우에는 직장 일이 행복하지 않은 이유가 다른 세대와는 좀 달랐다. 일하는 것이 싫어서가 아니라, 그 안에 갇혀 옴짝달싹 못한다는 생각 때문이었다. 평생 현역으로 살고 싶지만, 이 직장, 이 일에서

가 아니라 다양한 분야에서 새로 배우고 이전의 경험을 아울러 나만의 요령도 보태는 일을 더욱 간절히 원하게 된다는 것이다. 자신의 인생 도서로 『달과 6펜스』를 꼽는 50대 초반 B는 "매일 자신이 하기 싫은 일을 2가지 하는 것은 영혼을 위해서는 좋다"는 그 책의 구절을 인용하며, 자신도 단지 영혼을 위해(그러니까 하기 싫은 일을 매일 2가지 정도 하는 것이 좋다는 책의 조언에 따라) 매일 직장에 나간다며 이 조사결과를 지지했다.

그렇다면 40,50대가 원하는 직업은 어떤 것일까? 이들이 과연 변화를 원하고 있을까? 세상은 이들에게 새로운 일을 내어줄까? 인생 중반기의 삶을 새롭게 일구자는 취지로 설립된 '라이프 리이매진드Life Reimagined'와 미국 일간지《유에스에이투데이》가 함께 40에서 59세 사이의 성인 1,006명을 대상으로 한 조사 결과에 따르면, 40,50대의 3분의 1가량이 향후 5년 내에 직업을 바꿀 계획이 있는 것으로 나타났다. 또 53퍼센트가 향후 5~10년에 걸쳐 자신들의 삶을 성공적으로 변화시키는 것에 대해 매우 자신 있다고 답했다. 경제적 문제만 아니라면 당장 지금의 직장을 그만두고 싶다는 응답자가 반 이상이었다. 이미 직업에서 중요한 경력 변화를 거친 사람 중 32퍼센트가 변화의 이유로 '하고 싶은 일을 하고자 하는 욕망'을 들었다. 인생에서 처음으로 돈이 전부가 아니라는 것을 알게 되어 과감한 결단을 내렸다는 것이다. 이들은 일과 삶의 균형, 유연성, 그리고 새로운 것을 배울 수 있는 일을 갈구하며 더욱 의미 있으면서도 자신들이 쌓은 경험이 보탬이 될 수 있는 일을 원했다.

인생 중반기는 어쩌면 나와 잘 맞고 나를 이해해줄 일을 만날 수 있는 적기일지도 모른다. 대학동창인 A는 대학을 졸업할 때까지 자신이 무엇을 하고 싶은지 몰랐다고 말한다. 자신에게 어떤 재능이 있는지도 모호했으며 그저 우리가 함께 속한 전공의 길을 따라 법조인이 되는 건가라고 생각했다고 한다. 내 경우도 다르지 않았다. 성실하고 꾸준한 A에 비해 두리번거리기 좋아했던 나는 짐짓 주위에서 선호하는 직장이나 직업에 종사하는 나를 떠올렸을 뿐 그게 정녕 나의 길인가에 대해서는 확신이 없었다. A는 졸업 후 사법고시 패스를 두어 번 노리다 직장을 잡았다. 그 후 몇 번의 승진을 하고 조직에서 중역이 된 어느 날 자신의 잠재력을 다 끌어 쓰지 않은 스스로를 마주했다며, 이제 좀 무얼 하고 싶은지 감이 잡히는데 너무 한 곳에 오래 머물러 고인 물이 되어버린 게 아닌지 걱정이라고 했다. 10년 후에도 이 일을 해야 하나 싶다가도 이 나이에 새로운 꿈을 꾸고 일을 바꾼다는 것이 가당한가 매일매일 생각의 널뛰기가 그녀를 괴롭혔다.

A를 둘러싼 여러 사이렌이 내게도 고스란히 전달되었다. 오랫동안 하고 싶은 무엇이 있었고 그 일을 일상 때문에 외면해왔던 경우라면 그래도 좀 낫다. 이 상황을 벗어나고는 싶은데 자신이 무엇을 하고 싶은지 모를 때 쥐덫에 걸린 쥐처럼 바둥거리기만

할 뿐인 자신을 발견하게 되니 말이다. 이쯤 되면 번개라도 맞고 새로운 재능을 발견해 열정을 쏟아부을 직업을 갖고 싶은 생각마저 들 것이다. 여기에는 참으로 이상한 패러독스가 존재하는 것을 알 수 있다. 자신의 변화를 갈구하는 사람도 자신이고 한편 그 변화에 저항하는 사람도 바로 자신이라는 점이다. A가 새로운 직업을 찾는 데에는 몇 년이 더 걸렸지만 40대에 심사숙고해서 택한 직업이 A를 훨씬 더 만족스럽게 했음을 부정할 수 없을 듯하다.

유명한 엔젤투자자인 데이브 맥클루어, 패션디자이너 베라 왕, 살림의 여왕 마사 스튜어트, 이들의 공통점은 40대가 되어서 자신의 인생을 꽃피우기 시작했고 그 결과 유명인이 되었다는 점이다. 이렇게 나이가 들어 도전한 일에서 성공을 거둔 이들에게는 '재능을 늦게 발견하고 꽃피운 사람'이라는 의미의 '레이트 블루머Late Bloomer'라는 수식어가 따른다. 일종의 대기만성형이지만, 한 분야에서 꾸준히 활동하다 빛을 발하는 경우보다는 40,50대가 되어 새로 손에 잡은 일이 세상을 놀라게 할 때 더 주목을 받는 경우가 많다. 예전엔 이런 일들이 드물었기에 이들은 특별한 운을 타고난 사람들로 분류되곤 했다.

그런데 요즘은 누구나 레이트 블루머인 시대가 아닌가 싶다. 20대부터 쭉 커리어를 이어와서 40대에 어느덧 정상에 올라간 사람도 있지만, 나이가 들어 진짜 좋아하는 일을 시작하고 얼굴이 활짝 피었다든지, 오랫동안 틈틈이 즐기던 취미를 직업으로 연결

했다든지, 삶의 행로에서 아주 뚜렷하게 무슨 일엔가 사랑에 빠지고 천직을 찾은 우리 또래 후기청년들을 어렵지 않게 만날 수 있다. 여기에는 자의든 타의든 회사생활을 40,50대에 마감하게 되는 사회적 환경도 한몫했을 것이다. 그러나 자식으로, 형제자매로, 부모로, 배우자로, 사장이나 직원으로 살아오다가 어느 날 '나'에게 '네가 정녕 원하는 게 뭔데?'를 묻는 시기가 레이트 블루머로의 전환을 꿈꾸는 지점과 맞닿아 있음을 애써 무시할 필요는 없다. 나를 행복하게 해야 할 의무 또한 내게 주어져 있음을 문득 깨닫는 시기 말이다.

40,50대가 레이트 블루머로 탈바꿈하기에 매우 안성맞춤이라는 가정을 지지하는 결과도 최근 속속 나타나고 있다. 미국 공영라디오 방송사 기자인 바바라 브래들리 해거티는 심리학자, 라이프 코치, 의사 같은 다양한 분야의 전문가와 중년의 직업 전환에 대해 인터뷰해온 결과를 분석해, 40,50대의 직업 전환이 인지역량 향상과 정신적 웰빙뿐 아니라 장수를 위해서도 더 이롭다는 결론을 얻었다고 말한다. 400여 명의 다양한 직업군의 사람들과의 심층인터뷰 결과도 공개했는데, 40,50대에 직장이나 직업을 바꾼 사람 중 후회하는 사람은 거의 없었다고 결론지었다. 설사 그 변화가 성공적이지 않아 예전 직장이나 직업으로 되돌아갔다 하더라도 자신의 시도를 후회하는 사람은 거의 없었으며, 가장 극심한 후회는 시도조차 하지 않은 사람들의 몫이더라는 것이다.

이 소식은 꿈에 그리던 직업으로의 문이 나이 때문에 삼중잠금 장치가 달린 쇠 빗장으로 닫혀 있다고 가정했던 40,50대에게 생각의 전환을 가져다줄 것이다. 문이 닫혔다고 생각하는 순간 우리는 자신을 감옥에 가두게 되고, 회피와 두려움은 손발에 포승줄을 감는다. 물론 40대에 갑자기 원한다고 해서 사무직에서만 일했던 이가 바로 외과의사의 일을 할 수는 없다. 그러나 이 연구결과를 토대로 새로운 문을 여는 열쇠를 향해 손을 뻗는 자신을 상상해 볼 계기는 만들 수 있다. 자신이 그간의 업무를 수행하면서 얻은 경험들, 무엇이 즐겁고 무엇을 배우고 싶은지를 들여다보면서 말이다.

그런데 이미 이쯤은 가뿐히 넘겨버린 당신이라면, 그리하여 앞으로 새로운 문을 열고자 계획했다면 잠재적 터닝 포인트를 미리 점검해두는 것이 필요할 듯하다. 어쩌면 새로운 문을 여는 것은 단지 직업을 바꾸는 것이 아니라 자신의 인생을 바꾸는 것일지도 모르기 때문이다. 당신을 둘러싼 우주에 어떤 영향을 미칠지에 대해 스스로에게 물어보는 과정이 필요할 것이다.

워털루대학교의 경제학과 교수이자 『두려움 없이 변명 없이: 멋진 직업을 가지기 위해 해야 할 일』의 저자 래리 스미스에 의하면, 40,50대에 새로운 인생을 창조하기 위해 직업 전환을 꿈꿀 때 반드시 점검해봐야 하는 요소가 '즐거움'이다. 어떤 일이든 그러하지만, 새로운 변신에는 지대한 에너지가 필요하다. 오랫동안 해온 일과는 다른 분야로 진입하려면 그 에너지는 훨씬 더 많이 들어간다. 이때 무한한 동력이 되어주는 것은 오직 하나, 바로 스스로가 즐길 수 있는 일인가 하는 것이다. 공자도 말했고 레오나르도 다빈치도 말하지 않았던가? 노력하는 자는 즐기는 자를 이기지 못한다고. 매일 아침 일어나는 이유가 될 그 즐거움을 발견할 수 있는 일이라면 도전 자체만으로도 인생의 새 장은 열린 것이나 진배없다.

2,500년 전 아리스토텔레스는 이렇게 말했다. 세상이 필요로 하는 것과 너의 재능이 만날 때 그곳에 너의 직업이 있다고. 오늘을 사는 우리 시대 40,50대에게는 한 가지를 더 붙여야 할지도 모르겠다. 당신이 진짜 시간과 열정을 쏟아붓고 싶은 일이라는.

자 이제 '내면에서 요동치는 번개에 자발적으로 맞은 사람들'을 만나보자.

아침에 일어나야 할 이유

미국에 사는 비제이 돌른은 어릴 때부터 약손이라는 소리를 들으며 자랐다. 가족 중에 누군가 아프면, "아이고 목이야, 비제이 좀 불러줘"라고 부르는 것이 당연할 정도였다. 아픈 부위를 이리저리 주물러주고 찜질이나 스트레칭을 해주면 다들 개운해했다.

비제이는 언젠가 자신의 두 손으로 몸이 불편한 사람들에게 도움이 되는 어른이 되리라 마음먹었었다. 그러나 그가 성인이 되어 얻은 직업은 어릴 적 꿈과 달랐다. 집안 사정과 자신의 학업성적 등이 겹쳐 어렴풋이 의사나 간호사가 되겠다던 꿈은 사춘기 어느 시점에서 접혔고, 대학을 졸업한 뒤 평범한 직장인이 되었다. 직장은 만족할 만한 근무환경과 급여를 제공해주었다. 경제적으로 궁핍하지 않게 생활할 만큼 벌 수 있고, 야근이나 업무강도도 보통인 그런 직장이다. 그사이 아이들은 자라고 몇 번의 승진도 거쳤다.

40대가 되자 비제이는 깨어 있는 시간을 대부분 지내야 하는 직장에서 20여 년을 보내는 동안 일 자체로 자신이 기뻤던 적이 있었던가를 스스로 묻게 되었다. 직장일을 하며 뿌듯하고 성취감에 감사한 적이 없다는 것이 자명했다. 늘 그렇게 생각했기에 굳이 물을 필요도 없었지만 비제이는 스스로 확인을 받고 싶었다. 이후 그는 '아침에 일어나야 할 심장 뛰는 이유'에 대해 고민하기 시작했다. 무언가를 다시 시작해보자는 생각만으로도 박제되었던 비제이의 삶이 생기를 찾기 시작했다.

2,3년의 준비를 거쳐 47세가 되던 해 비제이는 회사를 나와 자신의 약손을 활용할 수 있는 사업을 시작했다. 운동으로 인한 통증을 완화하고, 운동역량을 강화하기 위한 다양한 프로그램을 처방하고 개선하는 것이 사업 아이템이다. 자신의 제2인생을 꿈꾸

며 비제이는 꼭 의사나 간호사가 아니더라도 사람들의 신체를 더 튼튼하게 하는 데 도움을 줄 수 있는 직업이 있다는 것을 알게 되었다. 틈틈이 커뮤니티 컬리지에 다니며 스포츠마사지와 운동역량 강화에 관한 자격증도 취득했다. 공부하면서 비제이의 꿈은 더욱 확고해졌다. 통증이나 고통에서 벗어나도록 누군가를 돌봐주었을 때 그가 행복해하는 모습을 보는 것이 계속 일을 하고 싶게 만드는 동력이라는 점이 분명해진 것이다. 주위 사람들은 '안정적인 직장을 버리고 그 나이에 나오다니' 하며 제정신이 아니라는 반응이었다. 그러나 비제이는 그가 진짜 하고 싶은 일을 하기 위해 이 이상 더 좋은 시기는 없다고 판단했으며 잘해낼 수 있다는 데 의심이 없었다. 그렇게 자신의 제2인생을 시작한 지 2년, 49세가 된 비제이는 이제 밤에 잠자리에 들 때 새 아침이 기다려진다고 말한다.

잘하는 일과 좋아하는 일

미국 고센대학교 수학 교수인 패트리샤 오클레이는 자신의 수학적 재능을 의심해본 적이 없다. 그 어렵다는 추상대수학抽象代數學이 그녀에게는 능숙한 분야이며 그 재능 때문에 학생들에게 자신이 아는 것을 가르치게 된 기회도 감사히 생각한다. 그러나 그런 재능이 반드시 자신이 하고 싶은 일과 같으리라는 법은 없나 보다. 그녀가 진짜로 좋아하고 늘 열정을 다해 하고 싶은 일은 농사일이기 때문이다. 자신의 손으로 직접 땅을 갈고 씨를 뿌리고 채소와 과일을 기르며 자연을 껴안고 사는 삶은 패트리샤의 오랜 꿈이었다. 집 정원을 정성스레 가꾸는 것으로 그 욕구를 달래왔지만, 50대가 된 패트리샤는 더 큰 도전을 하고 싶었다.

패트리샤는 우선 안식년을 그 기회로 테스트해보기로 했다. 농장에 취직해서 농부로 1년을 보내는 계획이다. 이를 위해 우선 자신에게 일거리를 줄 농장부터 찾아야 했다. 사는 곳에서 얼마 떨어지지 않은 지역에 위치한 클레이 보텀 팜이라는 농장에서 친환경으로 과일과 채소를 재배한다는 것을 알아냈다. 패트리샤는 이곳에 자신의 포부를 담은 지원서를 보냈고 거듭된 면접 끝에 '풀타임 농부'로 채용되었다. 이렇게 농부가 된 수학 교수는 1년간 땅과 바람과 비의 변화를 온전히 겪으며 손으로 일구는 농장일을 경험했다.

1년간의 안식년 동안 풀타임 농부로 지낸 후 패트리샤는 자신의 직업란에 농부이자 환경운동가이고 뜨개질하는 사람이자 교수라고 적고 있다. 이제 그녀는 교수직을 파트타임으로 돌리고 농장과 학교 일을 병행하고 있다. 자신의 농장을 직접 만드는 목표를 갖고 꿈을 향해 항해 중이다.

배우로서 천부적 재능을 타고났다는 평에 누구도 토를 달지 않는 영국 배우 다니엘 데이 루이스도 자신이 좋아하는 일을 하기 위해 배우생활을 당분간 떠나기로 했다. 그는 오랜 꿈인 석공술을 익히고 농장을 일구기 위해 5년간 연기를 쉬겠다고 지인들에게 알렸다. 최전성기에 올라 각종 영화상을 휩쓸고 시나리오가 쇄도하는 연기자의 급작스러운 휴식기 선언은 주위 사람들을 놀래켰다. 엔터테인먼트 세계에서 스타가 되기는 어려워도 팬들에게서 잊히는 건 한순간이기 때문이다. 이런 업계의 우려에도 아랑곳없이 다니엘은 55세 되던 해인 2013년, 아일랜드 더블린 남쪽에 50에이커의 땅을 마련하고 가족과 함께 그곳으로 옮겨갔다. 그 작은 마을은 다니엘이 어린 시절을 보낸 곳이기도 하다.

그는 영화를 사랑하고 자신의 직업을 존중하지만, 개인적 관심사와 가족과의 시간을 위한 기회를 더 늦출 수 없다고 말한다. 부와 명예를 가져다준 화려한 할리우드도 아내와 두 아들, 그리고 자신의 개인적인 꿈보다 더 중요하지는 않다는 것이다. 그를 다시 영화에서 볼 수 없을까 아쉬워하는 팬들을 향해, 개인적 관심사를 위해 일정 기간 일과 떨어져 보내는 시간은 다시 일터로 돌아올 때 더 깊고 심도 있게 일과 삶에 대한 답을 줄 수 있으리라 믿는다고 덧붙였다. 자신도 5년 후 연기 캐릭터를 더 실감 나게 구축함으로써 더 깊은 공감을 끌어내는 연기자가 되어 돌아오겠다는 약속과 함께 말이다.

••• 다니엘 데이 루이스는 오랜 꿈인 석공술을 익히고 농장을 일구기 위해 5년간 연기를 쉬겠다고 지인들에게 알렸다.

세컨드 찬스

35여 년간 잡지사에서 프리랜서 기자로 일하며 혼자 아들을 뒷바라지해온 50대 중반 낸시 가츠맨은 지난날들이 마치 결승선이 보이지 않는 마라톤을 지루하게 뛰는 듯했다고 회상한다. 마감 기사 쓰기로 밤 세우기를 밥 먹듯 했고, 매일 아침 LA의 교통지옥을 뚫고 아들을 챙겨 학교에 보내는 일을 반복했으며 며칠마다 이곳

저곳에서 벌어지는 아들의 테니스 경기에 참석하기 위해 도시 반대편을 수시로 오간 세월이었다는 것이다.

2014년 아들이 대학에 진학해서 집을 떠나자, 낸시는 '이제 내 세상이다'는 생각에 한동안 혼자만의 생활에 흠뻑 빠졌다. 그녀는 조용한 집과 끼니때마다 차려야 하는 식탁으로부터의 해방에 맘껏 느긋함을 즐겼다. 그러다가 꼼짝없이 컴퓨터 자판 앞에 앉아 혼자 원고와 씨름하고 마감 때가 되면 엄청난 압박을 주는 기자 일과도 결별을 결정한다.

그리고 무언가 인생을 더 활기차고 재미나게 보낼 수 있게 해줄 직업을 찾기로 했다. 곰곰이 지난날들을 돌아보니 자신 또래 20대 때는 대부분 식당이나 바에서 웨이트리스를 하던 시절이 떠올랐다. 그녀도 20대 때 바에서 일한 적이 있었다. 신나는 음악과 달뜬 표정으로 한 잔을 즐기는 사람들, 같이 일하는 동료 웨이트리스들과의 일종의 소속감과 활기 등을 생각하니 지난 35년간 글 쓰느라 밤에 책상 앞에 홀로 앉아 있었던 외로운 기자생활과 대비되었다. 그녀는 다시 한 번 그 일에 도전해보기로 마음먹었다. 30년 전에 했던 일을 다시 해보는 '세컨드 찬스'를 시도하기로 한 것이다. 과거에 했던 일에 재도전하는 것은 예전에 익혔던 솜씨를 다시 살릴 수 있다는 의미도 있지만, 이전과 똑같은 일을 하는 것처럼 보여도 현재 자신의 발견과 노하우가 보태진 새로운 형태일 수 있다. 낸시는 그것이 무엇일지 궁금해졌다. 다시 한번 그 자리에 설 기회가 있다면 마음껏 활약해보고 싶었다. 낸시는 바텐더 교육 학원에 등록하는 것으로 그 결기를 위한 걸음을 시작했다.

족히 30년은 어려 보이는 동기생들과의 수업이 시작되자 위축되는 기분을 떨칠 수 없었다. 대부분이 '서퍼스온애시드Surfers on Acid' 같은, 그녀로서는 듣도 보도 못한 최신 유행 칵테일의 이름을 훤히 꿰었으며 몇몇은 쇼에서나 볼 만한 병돌리기 묘기를 자유롭게 구사했다. 과연 해낼 수 있을까 걱정이 앞섰지만, 바텐더 자격증을 따려면 필기시험을 통과해야 한다는 점이 그나마 위안이었다. 그녀가 그 학원에서 역대 가장 높은 점수로 필기시험에 통과한 것이다. 강사가 '어떻게 이런 일이?'라며 놀라워하길래, 그저 수업시간에 나눠준 자료들을 열심히 읽었을 뿐이라고 당당히 답했다. 우여곡절 끝에 실기시험까지 통과하자 이제는 그녀의 기술과 능력을 써줄 직장을 찾아 고용되어야 하는 진짜 관문이 눈앞에 와 있었다.

그다음 과정은 정말 쉽지 않았다. LA에서 바텐더 인터뷰는 악명 높은 집단 오디션으로 유명하다. 수십 명의 젊고 아름다운 20,30대들이 영화나 광고에 단역으로 출연하며 기회를 노리는 동안 시간에 큰 구애 없이 유연하게 일할 수 있는 자리이기 때문이다.

그러나 나이가 들어 생긴 장점에는 예전만큼 거절에 민감하지 않다는 점도 있다. 계속되는 인터뷰와 계속되는 거절에도 몇 번을 도전했다. 그런데 거절에 대범해진 것과 인터뷰를 통과하는 것과는 별개의 문제다. 똑같은 낡은 방식으로 실패할 필요는 없기 때문이다. 그녀는 전략을 바꾸기로 했다. 지역에서 제일 오래된 레스토랑 겸 바에 이력서와 자기소개서를 기자 시절 글솜씨를 발휘해 정성스럽게 적어 보낸 것이다.

다음 날 낸시는 자신이 지원한 바의 매니저로부터 문자 메시지를 받았다. 여태껏 받아본 이력서와 자기소개서 중에 가장 인상적인 지원서였다며 전화를 달라는 내용이었다. 드디어 낸시에게 단독 면접 기회까지 온 것이다. 매니저는 대부분 20,30대 여성인 그곳 직원들과 낸시가 잘 어울리지 못할 것이라 생각했지만 이력서 때문에 단독 인터뷰 기회를 제공해야 한다는 의무감이 들었다고 말하며 완곡히 불합격 의사를 전달했다. 계속 연락하며 자리가 날지 두고보자는 매니저의 인사말이 이어졌지만 낸시는 기대 없이 의기소침해져 집으로 돌아왔다. 그런데 몇 주 후 매니저에게서 다시 전화가 왔다. 한 명이 갑자기 그만둬버려 당장 일손이 필요하다며 2시간 이내에 단정하게 입고 와줄 수 있냐는 것이다. 그렇게 낸시는 일자리를 잡았다.

35년간 책상 앞에만 앉아 있었던 낸시의 몸이 쉴 새 없이 테이블 사이를 돌아다니며 서빙하고 음료를 만들어야 하는 일에 적응하기까지는 시간이 필요했다. 그러나 20,30대 동료들과 잘 어울리지 못할 것이라는 매니저의 우려는 몇 개월 만에 날려버릴 수 있었다. 동료들은 57세 생일을 맞은 낸시를 위해 오후 휴식시간에 칵테일을 만들고 초콜릿 케이크를 장식해 뜨겁게 축하파티를 열어주었다. 참으로 오랜만에 생생한 기쁨과 환희를 맛본 날이었다. 그들 세계에서 자신이 받아들여졌다는 소속감, 그 동료애에 삶의 힘찬 박동이 뚜렷하게 들리는 살아 있음이 실감 났다. 그들은 이제 경륜 있는 낸시를 찾아와 자신들의 고민을 상담하기도 하며 한 팀이 되어갔다.

낸시를 찾는 단골손님도 늘어갔다. 처음엔 그런 장소에 어울리지 않는다는 듯 의아해하던 손님들도 다른 젊은 직원들과는 달리 편안하게 눈에 보이지 않는 것까지 세세히 배려하는 낸시에게 서빙을 요청하는 경우가 많아졌다. 술 한잔하며 인생을 상담하는 젊은 손님도 있고, 낸시가 안 보이면 안부를 남기는 손님도 생겼다.

요새 지인들은 낸시를 보며 보톡스를 맞았는지, 지방제거 수술을 했는지 묻는다. 갑자기 그렇게 젊어진 이유가 무엇이냐는 것이다. 오랫동안 괴롭히던 불면증도 사라졌고 몸도 일에 적응했는지 다리 안쪽에 근육이 탄탄해진 것을 느낀다. 그렇지만 삐걱거리는 신체를 고려할 때 언제까지 이 일을 계속할지는 모르겠다. 다만 확실한 것은 현재 낸시가 느끼는 정신적 만족감은 지난 35년 어느 때보다 크다는 점이다. 무엇보다 낸시에게는 앞으로도 나이와 상관없이 자신을 계속 새롭게 탄생시킬 수 있다는 증거를 획득한 것이 가장 큰 수확이다.

다 아는 직업에서 '듣보잡' 직업으로

컨설팅 회사 중역이자 마케팅 매니저였던 크리스 돌러는 자신의 새로운 직업을 설명하려면 중간에 두 번쯤 "뭐라고요?"라는 질문이 나오고 마지막에 '그런 직업도 있나?'는 반응이 나온다며 웃는다. 직업을 소개하려면 말이 길어진다는 것이다. 무슨 일을 하는지 설명이 뒤따르지 않으면 모르기 때문이다. 변호사, 의사, 그리고 자신의 이전 직업인 마케팅 매니저처럼 한두 단어로 규정되지 않은 영역을 인생의 두 번째 직업으로 삼은 후 생긴 현상이다.

대학 때 동물행동학을 전공하고 대학원을 다니며 마케팅을 공부하던 중, 그는 처음으로 남극대륙에 갔던 때를 잊지 못한다. 야생 사진을 찍는 것이 취미였던 그가 관광차 남극대륙에 갔을 때 그 압도하는 풍광에 완전히 매료되었기 때문이다. 이후 스웨덴과 뉴질랜드의 내셔널 프로그램의 일환으로 진행된 탐험에 자원해서 1995년부터 몇 차례 극지방으로 다시 달려갔다. 대학원을 마치고 영국으로 돌아와 직장을 잡은 뒤에도 '극지방 앓이'는 계속되었다. 회사에 다니면서 기회가 생길 때마다 그곳으로 달려갔다. 그는 극지방이 소수의 사람에게만 방문이 허락되는 영감을 주는 곳이라고 말한다. 몇몇 지인들을 직접 안내해서 그곳을 경험하게 해주기도 했는데, 그와 동행했던 사람들은 한결같이 자신들의 삶의 방식을 바꾸게 되었다고 입을 모은다는 것이다.

직장에서는 업무능력을 인정받아 승진을 거듭했지만, 마음은 늘 남극대륙, 북극지방, 그린란드를 바라보고 있었다. 급기야 그는 탐험대 운영자가 되기 위한 코스에 지원하였다. 원정대원이 되는 그 코스는 길고 고됐다. 현지 사람들과 소통하기 위해 언어도 새로 익혀야 하고 야생, 지형, 역사, 정치, 기후, 문화, 사람들에 대한 지식을 쌓아야 하며, 필드 스킬, 안전등반, 항해술, 보트 스킬 등 생존을 위한 기술도 단단히 훈련해야 한다. 크리스는 직장을 다니면서 이 고된 과정을 잘 마쳤다.

그러나 이 과정에 등록한 것은 직장생활의 허기를 달래기 위함이었지 정말 그 길로 나가려고 준비했던 것은 아니었다. 장기간 휴가를 내고 극지방으로 달려가는 일이 자주 허락되지 않는 일이니만큼 틈틈이 훈련하며 그저 그 기분을 상상이라도 하고 싶었다. 언뜻 자신이 극지방 탐험대를 이끄는 원정대장이 되는 꿈을 주변에 흘리면 사람들은 하나같이 단번에 미친 짓이라고 말한다. 자신도 안정된 직장을 버리고 미지의 직업으로 뛰어든다는 것은 어려운 일이라고 인정하고 있었다. 변화를 주기엔 너무 위험해 보였다. 가정이 있고 키워야 할 아이들이 있으니 그냥 만족스럽지 않아도 안정된 직장에 머무르는 게 답이라고 생각했다.

어느 날 자신의 권유로 극지방을 따라나섰던 친구들과의 모임에서 크리스는 그들 모두로부터 진심 어린 감사의 말을 전해 들었다. 그 경험이 어떻게 인생에 대한 태도를 바꾸었는지, 그리고 이제부터 어떻게 살 것인지에 대한 계획을 듣고 크리스에게 공을 돌리려고 마련된 자리였다. 이날 이후 크리스는 건잡을 수 없는 갈등에 빠졌다. 자신을 행복하게 하고 또 자신이 이끈 사람들도 행복하게 하는 일을 할 수 없는 자신이 원망스럽기까지 했다. 일상이 불만스러워졌고 일이 손에 잡히질 않았다. 그때 남편의 상태를 알아챈 아내가 조심스럽게 물었다. 하고 싶은 일이 무엇인지 자세히 이야기해 달라고. 처음엔 눈치를 보며 쭈뼛거렸지만, 슬슬 이야기에 시동이 걸리자 크리스의 눈빛이 빛나고 얼굴에 미소가 피었다.

그날 이후 크리스는 원정대를 이끄는 대원이 되기 위해 극지로 떠날 차비를 하기 시작했고, 지금은 남극대륙, 그린란드 등을 누비며 각 지역에 탐험을 온 원정대를 교육하고 탐험임무를 완수하도록 보살피는 원정대장 보조로 일한다.

크리스는 지금 온종일 심장이 뛰는 일을 한다며, 일에서 얻는 만족도는 돈으로 살 수 없다고 말한다. 빌딩 숲을 벗어나 항해를 하고 미지의 땅을 밟으며 새로운 환경을 맛보고 정보를 얻고 그 정보를 전해주는 일이야말로 죽을 때까지 하고 싶은 일이라는 것이다. 아직은 수입이 충분치 않지만 희소성 있는 일이라 점점 나아진다면서, 만족스러운 새 직업에 나이 들어 도전했을 때 가장 큰 장애물이 확실히 돈 문제였다고 털어놓는다. 그런데 죽으면 돈이 무슨 소용인가, 일에서 오는 만족스러운 경험은 돈으로 살 수 없다는 생각이 들자 어떻게든 상황을 반전시키게 되더라는 것이다. 특히 누구나 다 알 만한 직업군이 아닌 '듣보잡' 직업으로 옮겨갈 수 있었던 데는 평생의 동반자인 아내의 격려와 지지가 결정적이었다고 말한다. 그녀의 이해가 없었다면 직업을 바꾸지 못했을 것이라고 고개를 젓는다. 크리스는 아내를 자신이 일하는 극지방으로 직접 안내했을 때 그녀가 감탄과 경이로움에 행복해하는 모습을 본 후 더 자신감이 생겼다고 한다. 또 함께 있는 시간보다 떨어져 있는 시간이 더 많지만 부부 사이는 전보다 더 돈독해졌다고 말한다.

크리스는 인생은 어차피 모험이라며 기왕 하는 모험, 신나게 하고 싶다고 강조한다. 사람들이 자신의 결정에 대해 시쳇말로 '미친 짓'이라고들 하는데, 정말 자신의 일은 미치지 않으면 할 수 없을 정도로 극심하게 고되고 또 말할 수 없을 정도로 환상적이라는 것이다. 언젠가 체력적 한계에 부닥치겠지만, 40대에 새로운 직업으로 옮겨오면서 확실해진 것은, 그때는 그때대로 또 다른 '미칠 거리'를 찾아 나설 수 있다는 점이라고 엄지손가락을 치켜세웠다.

연식 연애 예찬

다시 사랑이 찾아온다면

누구에게나 세상을 보는 관점이 세월에 따라 변한다는 점을 실감하는 사건이 있을 것이다. 전에는 저렇게 생각했는데, 지나고 보니 이렇구나, 어릴 때는 그게 맞다고 우겼는데, 살아보니 아니구나를 마주하게 되는 순간이 있게 마련이다.

나의 경우 가장 충격적이었던 사건은 『브람스를 좋아하세요』라는 프랑스와즈 사강의 책이 발단이었다. 책의 내용은 요약하자면 이러하다.

서른아홉 살 여자 폴에게는 오랜 연인 로제가 있다. 시간이 흐르자 로제에게 권태가 찾아왔고 폴은 그와의 관계가 자신을 더 외롭게 만드는 국면에 이르렀음을 알게 된다. 이 무렵 그녀 앞에 수려한 외모의 부잣집 아들인 시몽이 나타난다. 그는 강렬한 끌림을 숨기지 않는 순수함으로 열네 살 연상의 폴에게 적극적으로 사랑을 표현한다. 밤새 쓴 장문의 편지 건네기, 집 앞이나 직장 앞에서 약속도 없이 무작정 그녀가 나타나기를 기다리기 등, 밀당은 자기 사전에 없다는 듯 바보스러울 만큼 속을 다 내보이며 사랑의 열병을 앓는 남심을 전하려 애쓴다. 로제로 인해 상처받은 마음을 위로받으며 흔들리는 자신을 느끼면서도 부담스러움에 자꾸 피하려는 폴에게 시몽은 형벌을 선고한다.

'사랑을 스쳐 지나가게 한 죄, 행복해야 할 의무를 소홀히 한 죄, 핑계와 편법과 체념으로 살아온 죄'로 고발하며, 그렇게 인간으로서 의무를 다하지 않은 폴에게는 사형을 선고해야 마땅하지만 '고독형'을 선고한다는 것이다. '무시무시한 선고'라며 웃어넘기려는 폴을 향해 시몽은 '가장 지독한 형벌'이라고 쐐기를 박는다. 폴은 자신의 삶을 돌아보게 되고 시몽에게 곁을 주게 된다. 그러나…….

결말은 역시 독자 각자가 책을 찾아 읽으면 좋을 듯하여 여기서 줄여야겠다. 다시 충격적이었던 나의 관점 변화로 돌아가자면, 20대 초반 나는 이 책을 처음 읽었다. 책을 다 읽고 당시 내 생각을 지배했던 포인트는 세 가지였다. 첫째, 오랜 연인과 새로 나타난 남자 사이에서 여인의 고민, 둘째, 연인을 두고도 젊은 여인과 바람을 피우는 남자에 대한 미움, 셋째, 서른아홉 살 여인과 스물다섯 살 청년과의 로맨스는 의심의 여지 없이 이루어지지 않는다는 당위성.

이후 어떤 계기로 그 책을 다시 읽게 되었다. 우연히도 그때 나는 책 속의 여주인공 폴과 같은 나이인 서른아홉 살이었다. 그런데 세상에나, 그 책은 내가 스무 살 무렵 읽었던 그 내용이 아니었다. 오랜 연인의 마음이 멀어져가는 걸 지켜보는 여인의 비통한 심정에만 온통 마음이 갔던 그때와는 달리 남자인 로제 또한 상처받은 사람이라는 것을 알게 되었다. 폴을 사랑하지만, 이전 사랑에 대한 상처로 인해 겉돌게 되는 남자의 심정에도 눈이 뜨인 것이다. 더 놀라운 것은 서른아홉의 여인이 새로운 사랑을 시작한다는 것에 대한 나의 시각이다. 그때는 가당치 않다고 생각했던 그 대목에, 나는 오히려 또 다른 권태가 찾아올 것을 걱정해 마음을 짓누르는 폴을 향해 정말로 고독형을 내리고 싶어졌다. 책을 읽는 도중 열네 살 연하의 시몽에 비해 자신은 너무 늙었다고 폴이 자신을 비하하지 않기를 속으로 응원하는 나를 발견했다. 새로운 사랑에 도전하기에 늙은 나이란 없다고.

무엇이 내 관점을 이렇게 바꿔놓았을까? 20대 초반에 나는 서른아홉의 나에 대해, 아니 서른아홉의 여자들에 대해 더 이상 사랑을 시작하는 나이가 아닌, 이미 몇 번의 사랑을 거치고 그 이슈에 대해서는 은퇴자로 간주했나 보다. 그런데 내가 막상 서른아홉

이 되니 나는 여전히 사랑에 대해 현역이었다. 그로부터도 한참이 지난 지금도, 그 생각에는 변함이 없다.

사랑은 두 번째가 더 사랑스럽다

이 시대 40,50대가 사실 사랑을 하기에 가장 좋은 시절을 누리는 축복받은 사람들이라는 주장도 있다. 시대적 배경을 보면, 우리는 페미니즘 이후 첫 세대로, 이전 세대와는 달리 직업, 여행, 피임, 파트너 등에 대해 자기가 알아서 결정하는 자유를 거머쥔 채 세상을 살도록 허락된 사람들이라는 것이다.

'어른들의 데이트'라는 회사를 운영하며 40대 이상 여성들을 위한 연애전문가로 여러 매체에서 활동하는 바비 팔머에 따르면, 10대나 20대는 자기 자신에 대해 잘 모르기 때문에, 30대는 일과 육아 등 외부시계가 째깍거리는 것에 맞추느라 자기 자신의 생각을 잘 들을 수 없기 때문에, 사랑을 찾고 그 사랑을 멋진 관계로 키우기에 가장 좋은 때가 40,50대라고 주장한다. 만약 그런 일이 일어나도록 40,50대가 스스로 기회를 준다면 말이다. 여태까지 경험은 멋지고 성숙하고 오래 지속하는 사랑을 위한 준비기간이었을 뿐 진짜 게임은 이제부터라는 것이다. 바비는 이와 같은 주장이 직업적으로 축적된 다양한 사례에서 도출되었을 뿐 아니라 개인적 경험에서도 확실히 뒷받침된다고 말한다. 그녀 자신이 47세에 첫 결혼을 했으며 50대 초반인 지금까지 직접 이를 실감한다는 것이다.

바비는 40,50대가 진짜 사랑을 하기에 좋은 이유로 6가지를 제시했다.

첫째, 우리는 이제 더 이상 자신의 행복이 어떤 한 남자 혹은 한 여자에 의해 이루어지는 것이 아님을 안다. 스스로가 자신의 행복과 만족을 이루는 훈련을 다년간 해왔으며, 그 세월 동안 흔들리는 시기에 다독여주고 토닥여줄 친구 등 서포트 시스템도 구축했다.

둘째, 자신과 타인의 실체를 알아보는 눈이 웬만큼 자라났고 세간에서 규정지어진 사랑의 체크리스트에 더 이상 연연하지 않게 되었다.

셋째, 이제 자기 자신의 인생도 중요하다는 점을 알게 되었다. 사회나 가정에서 부과되었던 수많은 숙제들에 대해 누군가는 그 양이 줄었을 것이고, 또 누군가는 빨리 처리하는 요령이 늘었을 것이다. 그 숙제들이 여전하다 해도 내면을 들여다보고 자신이 원하는 것을 마주하게 될 만큼 성숙하다.

넷째, 과학도 우리 편이다. 인생 중반기를 통과하며 우리 뇌는 반대편 성의 경향을 드러낸다. 여성에게는 '완경 후 열정 Postmenopausal Zest', 즉 임신과 출산에서 해방되면서 무한한 활력이 생긴다. 남성에게는 분출욕구에만 급급하던 지난날의 성욕과는 다른 형태의 평온한 성적 친밀관계를 탐험하고자 하는 욕구가 생긴다. 자손 번식의 역할을 마친 우리의 뇌는 생화학적으로 새로운 균형을 이루며 호르몬 분비를 조율한다. 이 때문에 남자는 부드럽고 온화해지는 경향이 나타나고, 여자는 삶에 대한 지배력을 넓힘으로써 충만감을 찾는 경향이 나타난다. 서로가 서로를 더 잘 이해할 수 있게 되었을 뿐 아니라, 남자 일, 여자 일로 나눠진 구태의연한 역할 분담에서 자유로이 다양한 활동을 함께 즐길 수 있다.

다섯째, 사랑에 대한 우리의 열정은 여전하다. 미국 은퇴자협회 의학 팀의 조사에 의하면 50세 이상 남녀 중 70퍼센트가 현재 사랑을 한다고 답했다. 우리는 강렬히 사랑받고 사랑하려는 사람들이다.

여섯째, 그간 우리가 살면서 겪어온 산전수전은 우리에게 사소한 것쯤은 넘겨버릴 만큼의 배짱도 주었다. 각자 나름대로 굴곡을 겪으며 완벽한 사람은 없음을 알게 되었다. 자신의 결점도 솔직히 내보이고 상대방의 그것도 껴안으면서 공감하고 이해하는 능력을 발휘한다.

정녕 그러한가? 바비가 제시한 이유를 정리하면서 프랭크 시나트라의 노래 〈사랑은 두 번째에 더 사랑스럽다〉가 떠올랐다. 어쩌면 정말, 우리가 그간 살아온 경험들, 생리적 변화, 자기 이해, 사

"하늘이 맺어주는 영혼의 짝은 **어느 날 갑자기 만나게 되지 않는다.** 서로가 서로를 향해 그렇게 될 수 있도록 부단히 노력해야 한다는 것을, 늦사랑을 만나고 깨닫게 된다."

랑에 대한 현실적인 기대와 역량은 남녀 간 아름다운 동반자가 되기 위해 더없이 좋은 기반일지도 모를 일이다.

찰떡궁합의 조건

50대 중반 미국인 조나단 룩과 비슷한 또래 영국인 사라는 1년 반째 동남아 라오스의 작은 마을에서 함께 생활하고 있다. 두 사람은 정식결혼은 하지 않고 느지막이 만나 서로의 동반자가 되어 각자의 직장을 정리하고 이곳으로 왔다. 그들이 이곳에 터를 잡은 이유는 아름다운 풍광과 훨씬 적게 드는 생활비도 한몫했지만 무엇보다 익숙하지 않은 문화와 풍습에 함께 도전해보자는 그들의 의기투합의 영향이 컸다.

사라는 늘 무언가 주변에 도움이 되는 활동에 적극적이다. 몇 개월 전부터는 세계의 가난과 불평등을 타파하기 위한 비영리기구인 액션에이드ActionAid의 기금모금을 위해 2016년 런던 마라톤 대회에 참가하겠다고 준비를 시작했다. 얼마 후 사라는 조나단에게 함께해보지 않겠느냐고 제안했다. 10여 년 전 하프 마라톤 경험이 있었던 조나단은 그 고된 훈련경험만 떠올리면 단번에 거절하고 싶었다. 그러나 왠지 이번엔 다르리라는 기대가 들었다. 세상을 위한 좋은 일에 참여하는 것뿐만 아니라 사랑하는 사라와 함께이니 말이다.

물론 50대 중반에 평소 하지 않았던 하프 마라톤을 위해 갑자기 몸을 만드는 일은 절대 녹록하지 않았다. 마라톤대회 당일까지 남은 기간 수 없는 병원방문과 매일의 어마어마한 연습량 등은 '이 쓸데없는 짓을 또 시작했다니' 하는 마음을 하루에도 몇 번씩 들썩이게 하였다. 그러나 모든 어렵고 큰일도 작은 조각들이 조금씩 쌓여서 이루어지듯 두 사람은 계획을 완수할 힘을 쌓아갔다. 그리고 영국으로 날아가 서로 토닥이고 끌어주며 마라톤을 완주해냈다.

마라톤의 크로스라인을 끊은 지 며칠 지나지 않아 라오스로 귀환을 준비하던 그들에게 솔깃한 소식이 들려왔다. 프랑스에서 스페인으로 순례자의 길을 갈 좋은 기회가 있다는 것이다. 30일간, 800킬로미터의 걷기 코스다. 산티아고 순례자의 길 걷기는 오랫동안 조나단의 버킷리스트였지만 마라톤으로 온몸이 들쑤신다는 시점이 야속했다. 그러나 두 사람은 잠깐의 상의 끝에 신나게 짐을 꾸려 곧바로 산티아고 여정에 합류했다.

마라톤을 완주한다고 해서, 짐을 지고 카미노길을 걷는다 해서 부와 명예를 거머쥐게 되지는 않는다. 그러나 조나단은 사라와 함께한 그 일들이 앞으로의 삶을 더 풍요롭게 만든다는 데 의심이 없다. 사라와 함께하는 삶은 모험이 가득할 것이고, 그들은 서로를 응원하며 삶의 가장 아름다운 시절을 매일 만들어갈 것이라고 생각한다. 그 과정에서 사회와 주변에 도움이 되는 일들에 힘을 보탤 것이고, 누가 알아주지 않아도 내면 가득 뿜어져 나오는 기쁨과 행복을 공유할 것이며, 함께이기에 두 사람의 동반자 행로는 더 단단해질 것이라고 믿는다.

조나단과 사라는 연식연애에서 가장 좋은 점으로, '따로 또 같이'라는 개념에 전보다 훨씬 유연해졌다는 것을 들었다. 함께 추구하는 것들과 각자에게 중요한 것들에 대해 일일이 부딪히지 않아도 합체와 분리가 물 흐르듯 자연스럽다고 한다. 연인의 세계에서는 서로가 상대에게 요구하는 것이 있지만, 서로 연식이 있다 보니 그것을 현실적으로 어떻게 충족할지 검토하고 합의하는 과정에 부쩍 여유가 생겼다는 것이다. 각자의 삶에도 충실할 수 있는 공간을 서로가 서로에게 틔워주는 관계가 되는 셈이다.

나이가 많아졌다고 해서 연인을 못 찾을 이유는 없지만 여느 젊은 시절의 연애 못지않게 연식연애에도 성공을 위한 필요조건은 있다. 조나단과 사라는 이에 대해 세상에 소울메이트란 없다는 것을 받아들이라고 입을 모은다. 하늘이 맺어주는 영혼의 짝은 어느 날 갑자기 만나게 되는 것이 아니라 서로가 서로를 향해 그렇게 될 수 있도록 부단히 노력해야 한다는 것을, 늦사랑을 만나고야 깨달았다고 한다. 삶에 숨겨진 수수께끼를 환상의 호흡으로 풀어가는 찰떡궁합은 그냥 되지 않더라는 것이다. 다행히도 연식이 늘어가며 각자가 자신에 대해 더 잘 알게 되는 장점이 있기에, 자신에게 장점이 있는 만큼 단점도 있다는 점을 잘 알기에, 그리고 상대방도 완벽하지 않다는 것을 인지하기에, 이 빠진 동그라미가 호흡이 척척 맞는 짝이 되기까지 그리 오래 걸리지는 않을 것이라고 덧붙였다.

새로운 오작교

그렇다면 40,50대에 새로운 사랑은 어디서 시작되는가? 여전히 주변 지인들의 다리놓기가 있을 테고, 데이트 주선 전문업체를 통해 연분을 알아보기도 할 것이다. 그런데 전문가들은 사랑을 시작하려는 40,50대들이 많아지면서 그 기회도 다양해졌다며, 지난 20년간 남녀가 사랑에 빠지는 방식에 혁명이 일어났다고 단언한다. 그리고 이를 가능케 한 원동력 중 하나로 디지털 테크놀로지를 꼽았다. 세계적으로 40대 이상의 온라인 데이팅이 급속히 성장 중이라는 것이다.

지난 10년간 연애와 담을 쌓고 살았다는 미국인 친구 R은 40대 중반에 새로운 로맨스를 꿈꾸기 시작했다. 새로운 인연을 어떻게 만날 것인가에 대한 고민을 덜었기 때문이다. 40대 이상 남녀만을 대상으로 컴퓨터 프로그램이 매칭을 주선하는 온라인 데이팅 서비스들이 많다는 신문기사에서 힌트를 얻었다. 온라인이라는 특수성 때문에 개인정보보호라든가 가짜 프로필을 내건 사기 같은 문제점들이 발생할 가능성을 배제할 수는 없다. 하지만 이미 굳어져버린 자신의 사회활동 반경 내에서 새로운 만남을 기대하기란 어려웠다. 또 누구의 친구를 소개받고 나서 잘 안 됐을 때 주선한 친구와도 어색해지는 일도 없으니 시도해볼 만하다고 생각되었다.

우선 그녀는 믿을 만한 온라인 데이팅 사이트를 찾는 데 오랜 시간 공을 들였다. 드디어 가입하고 싶은 사이트 2개를 골라 절차를 밟는 과정에서 그녀는 뜻밖에도 엄청난 보물을 얻었다고 고백했다. 한 사이트는 가입 후 적절한 파트너를 매칭시키기 위해 아주 긴 질문지에 대해 솔직하게 답변하도록 프로그램되어 있었다. 질문지를 작성하면서 자신의 사랑방식, 태도, 어떤 관계를 원하는가에 대해 평생 처음 과장 없이 가면을 내려놓고 벌거벗은 자신을 들여다보게 되었다는 것이다. R은 온라인 데이트에 성공했는가? 참으로 재미있는 결론은, R이 자신의 반쪽을 온라인이 아닌 그녀의 생활 반경 안에서 발견했다는 점이다. 2,3일에 거쳐 질문지에 답하는 동안 R의 머릿속에 주변 지인인 K가 자꾸 맴돌았다고 한다. 여태까지 K를 남자친구 감으로 생각해본 적이 없었고 그와 자신은 어울리지 않는 사람들이라고만 여겨왔는데, 이상하게 그가 궁금해졌다는 것이다. 사회인 R이 아닌 자연인 R의 눈으로 들여다보자 자연인 K는 함께 시간을 보내고 싶은 사람일지도 모른다는 생각이 들었다. R은 용기를 내어 K에게 식사를 제안했고 이후 그들은 연인이 되었다.

디지털 시대의 짝 찾기에는 급진적 사례들도 늘고 있다. 데이팅 웹사이트뿐 아니라 페이스북, 트위터, 세컨드 라이프 등 다양한 경로가 전 세계를 넘나들며 소울메이트를 찾는 이들의 오작교가 되고 있다.

아바타 러브

디지털 시대의 짝 찾기에 새로운 물결을 일으킨 것으로 꼽히는 온라인 플랫폼 중 하나가 '세컨드 라이프'다. 세컨드 라이프는 한마디로 요약하자면 가상세계다. 3D 온라인 디지털 대륙인 셈이다. 이 가상현실에서는 원하는 어떤 것이든 클릭만으로 창조할 수 있다. 자신이 원하는 스타일의 아바타로 거리를 활보하는 것은 물론, 원하는 물건을 만들고 집을 짓고 정원을 가꿀 수도 있으며 생명체를 마음대로 창조해낼 수도 있다. 신기한 생물을 애완동물로 데리고 다니고 싶다면 얼굴은 나비인데 몸통은 도마뱀인 자신만의 생명체를 창조해내면 된다. 든든한 보디가드를 대동하고 싶다면 험상궂은 오크를 창조해 시종으로 부릴 수도 있다. 자신만의 상상을 이 공간에서 마음껏 펼칠 수 있는 것이다. 친구들과 새로운 형태의 마을을 이룰 수도 있고 아이를 낳아 키우는 것도 가능하다. 이 공간 주민들은 린든Linden이라는 화폐를 사용해 상품이나 땅을 구매하는데, 이 시장에서는 이미 수백만 달러 규모의 거래가 이루어지고 있다.

전 세계 몇백만 명이 회원으로 가입해 자신만의 세상을 창조하는 이 가상공간을 홍보 플랫폼으로 활용하기 위해 국가나 기업들의 각축전도 치열하다. 이미 미국, 프랑스를 비롯한 다수의 국가에서 이곳에 공식 대사관을 설치했으며 IBM 같은 대기업에서는 전 세계 직원들과의 정기미팅을 이 공간에서 아바타의 모습으로 모여 진행할 정도다.

30대 후반의 독신 남성 크리스 애드워즈는 영국에 사는 게임 디자이너다. 40대 초반 독신 여성 알레인 와텔은 미국 필라델피아에 사는 마케터다. 몸은 수만 리 떨어져 있지만 이 둘은 어느 날 세컨드 라이프 채팅 룸에서 각자의 아바타 모습으로 마주치게 된다. 세컨드 라이프에서 자기만의 세상을 창조하고 나름의 방식으로 경험을 구축하던 그들이었다. 알레인은 그 공간에서 유기농으로 나무와 꽃을 심어 농장을 건설하는 중이었는데, 크리스는 한 번도 관심 가져본 적 없는 그런 일에 열정을 다하는 알레인에게 호감을 느꼈다. 둘은 얼마 후 그곳에서 정식 데이트를 시작했다. 여전히 각자의 아바타 모습이었다. 친구가 꾸며놓은 리조트를 빌려 나무숲을 거닐고 베란다에 차려진 저녁 식사를 위해 촛불을 밝힌 로맨틱한 데이트는 현실의 그것보다 더 낭만적이었다. 데이트를 위한 환경을 두 사람이 함께 창조하기도 했다. 뒤편으로는 무지개가 뜨고 눈앞으로는 백사장에 잔잔한 파도가 일렁이는 바닷가에 해먹을 치고 신기한 동물들이 가져다주는 칵테일을 마시며 두 사람은 사랑을 키워갔다. 그렇게 서로에 대해 알아가던 그들은 몇 개월 후 실제의 모습으로 만나기로 약속했다. 영국남 크리스가 미국녀 알레인을 직접 만나러 날아간 것이다. 가상공간이 아닌 실제로 만난 후 두 사람은 결혼을 결정했다. 이듬 해 알레인은 마케팅 회사에 다니던 미국 생활을 다 정리하고 영국으로 와 크리스와 살림을 합쳤다. 알레인은 영국으로 와서 새로운 직업도 만들었다. 세컨드 라이프 공간에 구두, 핸드백, 주얼리, 액서서리를 직접 디자인해 파는 자신만의 버추얼 상점을 연 것이다. 그녀는 예전 직장보다 수입이 훨씬 많아졌을 뿐 아니라 오랫동안 꿈꾸었던 디자이너로서 길을 걷게 된 것이 너무도 행복하다며, 세컨드 라이프가 자신의 인생을 바꿨다고 말한다. 사랑을 찾았을 뿐 아니라 꿈의 직업도 갖게 되었다는 것이다.

랍스터의 반란

이렇듯 디지털로 소통수단이 확대되면서 남녀가 인연을 맺는 양상이 크게 바뀌었다. 그렇다면 결혼은 어떤가? 결혼이라는 제도는 인류의 영원한 숙제 중 하나인 남녀관계를 공식화한 양식이다. 결혼제도에 대한 의문은 명필가들의 글 속에서 빠지지 않는 단골소재 중 하나다. 풍자와 기지로 가득 찬 작품을 쓰기로 유명한 버나드 쇼는 '금요일에 결혼한다면 불행해진다는 속설을 믿으시냐'는 한 신문기자의 질문에, "물론이죠, 금요일이라고 예외일 수 있겠습니까?"라는 답을 남기기도 했다.

영화 〈더 랍스터〉도 결혼 제도에 대해 재기 발랄한 의문을 던진다. 배경이 가상세계인지, 미래의 어느 시점인지 명확하지 않지만, 독신인 성인은 국가의 법에 따라 처분을 받는 곳이 있다. 이 세계의 규칙은 단순 명료하다. 인간은 반드시 짝을 이뤄야 한다. 이혼했건, 사별했건, 그냥 제짝을 못 만났건 그 어떤 이유에서건 성인이 독신이면, '호텔'로 불리는 특수 시설에 감금되어 그 안에서 주거하며 같은 처지의 독신자 중 자신의 짝을 찾아야 한다. 짝을 찾으면 일정 기간 동거생활을 하게 한 뒤 다시 시티, 그러니까 이전에 살던 문명세계로 돌아와 다시 사람들과 어우러져 살 수 있다. 그러나 45일 안에 짝을 찾지 못하면 동물로 만들어져 숲으로 방출된다. 어떻게든 그곳을 벗어나 다시 세상으로 돌아가기 위해, 매혹적인 유대가 없어도, 마음을 흔드는 끌림이 없어도, 취향이 비슷하다거나 과거에 비슷한 상처를 겪은 공통점을 이유로 남녀는 짝이 된다. 이 사실을 관리자에게 보고하면 커플은 나머지 '루저들' 앞에서 간증을 한 뒤 실험동거를 위한 임시거처로 옮기게 된다. 짝 찾기에 다급해진 몇몇은 운명적인 짝을 찾은 것처럼 연출하기도 한다. 만만한 상대를 골라 진짜 자신의 모습이 아닌 상대가 원하는 모습으로 가장해 접근한 뒤 커플 지위를 획득하는 것이다. 관리자는 이렇게 동거단계에 진입한 커플들이 더욱 '안정적인' 결혼생활을 해볼 수 있도록 아이를 배정해 함께 지내도록 한다.

어처구니없는 설정처럼 보이지만 이 영화는 우리 사회에서 경험할 수 있는 실제 상황과 맞닿아 있다. 결혼이 인간 행복의 정점의 표현이고 동물과 인간을 구분 짓는 문명화된 제도라는 점을 강요하고 독신자를 낙오자로 보게 만드는 사회의 압력은 현실에서도 나타나기 때문이다. 영화는 사회 시스템을 안정적으로 운영하기 위한 수단으로 결혼이 장려되는 것이 아닐까 묻는 듯하다.

언제 왜 결혼을 하는지는 역사적으로 세대와 세대를 거쳐 변화를 겪어왔다. 『진화하는 결혼』의 저자이자 미국 에버그린 주립대학교의 역사 및 가족학 교수인 스테파니 쿤츠는, 이제 사람들이 결혼제도에 대해 기대하던 모든 것이 변화했다며 결혼은 영원

불변의 법칙이 아니라고 단언한다. 물론 몇몇 문화권에서는 결혼이 여전히 남녀관계의 성공을 측정하는 기준인 경우도 있고, 사회적 압력 때문에 결혼하거나 관계를 유효화하기 위한 필요 때문에 결혼을 하기도 하지만, 보편적으로 사랑의 완성이 곧 결혼이라고 간주하던 태도가 변했음은 이미 확연하다. 현재 결혼은 전 세대에서 감소 중이며 젊은이들은 동거를 연인 간의 결합형태로 가장 선호한다. 1950년대에는 25세 이하 영국 남자의 반이 기혼남이었으나 2015년에는 단 2퍼센트 미만이 기혼남 대열에 합류했다. 전 세계의 다양한 결혼 형태를 연구해온 국제결혼프로젝트National Marriage Project에 따르면, 미국인의 경우 결혼연령은 점점 늦어지고 이혼은 점점 빨라지며, 커플이면서도 결혼이나 동거 없이 평생 독신 상태를 유지하면서 연애만 하는 사람들이 더 많다.

인도 출신 배우 아지즈 안사리와 사회학자인 에릭 키넨버그가 공저한 『모던 로맨스』에 따르면, 결혼이 우리의 일생에서 어떻게 변해왔는가를 전 세계에 걸쳐 세대별 다양한 그룹(독신, 동거 커플, 결혼 커플)을 인터뷰한 결과, 과거 결혼의 이유는 적절한 상대와 짝을 이뤄 가정을 이루기 위한 것이었다. 이를 통해 성생활, 육아, 노동력 분담과 재산보호가 공식화되는 셈이다. 현재의 결혼에서 이런 이유는 거의 소멸해가고 있다. 이제 남녀의 결합에 단지 가정을 이룬다는 목적은 뒷전으로 밀려났다. 지금 남녀관계의 결합은 로맨틱한 사랑을 갈구하고 완벽한 소울메이트를 찾는 일련의 여정이 되었다는 것이다.

미래의 인간의 사랑, 섹스, 관계 등에 대해 책 다섯 권을 펴냈으며 결혼의 미래에 대해 가장 권위 있는 연구자로 꼽히는 럿거스 대학교 생물인류학 교수, 헬렌 피셔 박사에 따르면 결혼은 지난 만 년보다 불과 100년 안에 더 많이 바뀌었고 그 100년보다 지난 20년간 더 많이 바뀌었다. 검은 머리 파뿌리 될 때까지, 죽음이 우릴 갈라놓을 때까지, 남자는 일, 여자는 살림이라는 공식은 20세기 중반 이후로 점점 깨지기 시작했으며 현재에도 엄청난 변화를 겪고 있다.

미국 휴스턴대학교의 미래학 교수 샌디 버치스테드는 세계미래회의World Future Society에서 미래의 결혼에 대한 예측을 하였다. 앞으로 남녀는 일생을 통해 적어도 네 번의 결혼을 하게 되리라는 것이다.

첫 번째 결혼은 아이스 브레이커 역할을 한다. 마치 얼음으로 굳게 덮여 있는 결빙해역에서 길을 뚫어 항로를 만드는 쇄빙선처럼, 두 남녀가 긴 인생의 동반자를 찾기 위한 탐색작업을 시행하는 단계다. 약 5년간 지속하는 이 기간에 두 사람은 커플이 되어 함께 사는 법을 배우고 성적으로 경험하게 된다. 이들은 서로에게 질리거나 환멸이 자리하면 헤어진다. 이때 이혼은 오명이 되지 않는다.

두 번째 결혼은 15~20년 지속하는데, 이 결합기의 주요 목표는 함께 2세를 생산하여 아이들을 기르는 것이다. 부모로서 역할에 충실하며 최대한 아이들의 양육을 위해 협력한다.

세 번째 결혼은 심적 육체적으로 성숙해진 남녀가 자아를 발견하고, 인간으로서 서로에 대해 깊숙이 알아가는 단계다. 인생의 묵직한 주제들에 대해 교환하고 앞으로 무엇을 얻어갈지 함께 탐구하게 된다.

네 번째이자 마지막 결혼은 노년에 소울메이트와 연결되는 단계다. 이때야말로 깨가 쏟아지는 남녀의 결합을 기대할 수 있다. 영혼을 나누는 다시 없는 행복을 맛보며, 정신적 육체적으로 평등한 관계가 이루어진다. 의학이 발달함에 따라 이 마지막 결혼은 수십 년에서 어쩌면 무한대로 지속할 수도 있다. 결론적으로 완벽하고 깊이 서로에게 보상이 되는 남녀관계는 적어도 젊은 시절 세 번의 결합을 거쳐야 얻게 된다는 것이다.

타인은 나의 지옥?

그런가 하면, 부부간의 불협화음을 해결하는 방법도 시대를 거듭하며 엄청난 변화를 겪어왔다. 중세시대 독일에서는 부부싸움이 그저 '칼로 물 베기'가 아니었다. 윌리엄 실 카펜터가 쓴 『현대 법학의 토대』에 의하면, 이 시대에는 부부가 무언가 뜻이 안 맞아

해결하고자 하면 '결혼의 결투'를 벌여 결론을 내도록 법제화되었다. 공정한 결투를 위해, 남편은 경기장에 파놓은 구멍 안에 허리 아래 하반신을 넣고 상반신만 내놓은 채 한쪽 팔을 등 뒤로 묶고 나머지 한 손에만 무기를 들고 싸워야 했다. 아내는 자유롭게 움직이면서 돌로 가득 찬 보자기를 휘두르며 싸우는 것이 결투의 규칙이었다. 매우 살벌한 광경이었을 것이 자명하다. 사람들 사이의 관계가 뒤틀렸을 때 '타인은 나의 지옥'이 된다는 사르트르의 단언은 부부 사이에도 적용되는 것인가 보다.

오늘날에는 부부간의 의견 불일치로 인한 앙금 해소의 방법으로 이혼제도가 정착했다. 두 사람이 법적으로 서로를 묶어두던 끈을 자르는 수단인 이혼은, 오랫동안 부부들에게 수치스러운 일로 여겨왔다. 과거 이혼이 흔치 않던 시절에는, 상대방과 살기 싫지만 이혼만은 하지 않겠다며 진짜 삶을 공유하지 않은 채 법적 부부의 지위만을 유지하는 사례도 빈번했다. 그런데 이제 결혼 커플 둘 중 하나가 이혼을 한다. 황혼이혼이 늘어나는 것은 세계적 현상이기도 하다. 내 이혼을 아무에게도 알리지 말라며 쉬쉬하던 이혼남 · 이혼녀는 이제 돌싱남녀로 불리며 마치 광명을 되찾은 독립운동가처럼 대우받기도 한다. 이 시대 이혼은 오명이 아니라 또 하나의 해결책이 되었다. 불행한 결혼생활에 종말을 고하고 새로운 길을 찾는 묘안으로서 받아들여지는 것이다. 이혼은 실패가 아닌 자신의 삶을 행복하게 하기 위한 다음 행보라는 관점이다. 이런 관점에서는 결혼했던 부부가 이혼한 뒤 굳이 '웬수'로 지낼 이유도 줄어든다. 각자의 행복을 빌어주며 인생의 다음 장을 향해 나아가면 되기 때문이다.

이런 현상은 소셜 네트워크를 통해 재미있는 유행도 탄생시켰다. 이른바 '이혼 셀피'가 그것이다. 이혼이 성사(?)된 두 사람이 공문을 가슴에 품고 활짝 웃으며 셀카를 찍어 자신의 소셜네트워크를 통해 공표하는 행사가 두 사람의 결혼상황 종료를 즐겁게 마무리 짓는 과정으로 등극한다. 인스타그램에 'divorceselfies'라는 해시태그를 검색하면 단번에 수천 장의 사진이 나온다. 종종 그 사진에는 '행복하다, 이제 새로 시작이다' 같은 문구가 달려 있다. 이들에게 이혼은 비극이나 실패나 수치심의 원천이 아니라 자연스럽고 원만한 이행의 포인트로 자리한다.

일본에서는 '이혼신문'의 구독률이 높아지고 있다. 일본의 이혼 전문가 테라이 히로키가 창설한 이 매체의 정식 명칭은《행복한 이혼》이다. 여기에 자신들의 이혼을 광고하려는 커플들이 기꺼이 광고료를 지급한다. 어느 날 불쑥 지인들에게 이혼했다고 말하기도 그렇고, 이혼소식을 듣게 된 이들에게 일일이 장황하게 이혼 이유를 설명하는 것도 못 할 일이고, 차라리 깔끔하게 공표하자는 취지다. 이혼 소식을 모르던 친인척이나 친구들과 대면할 때 서로가 당황하는 일을 원천 차단하는 이점과 함께, 다시 싱글이니 새로 연애할 준비가 되었다는 선포이기도 한 셈이다.

호주에 사는 엘사 마틴은 얼마 전 남편 피터와 합의이혼을 했다. 남편과 사이에 딸 하나를 두었고 잡지사에서 그래픽 디자이너로 일해온 40대의 엘사는, 이혼했지만 여전히 자신의 인생에 남자는 피터 한 사람뿐이라고 말한다. 심지어 두 사람은 법적 이혼 절차를 마무리한 뒤에도 한집에서 이전처럼 일상을 같이하며 살아간다. 하지만 언제든 엘사에게 기다리던 '소식'이 오면 두 사람은 다음 행보를 밟기로 약속했다.

엘사가 기다리는 그 소식은 멀리 벨기에의 베헤인호프Begijnhof로부터의 입주 허가서다. 베헤인호프는 중세시대 수도원이었으며 13세기에는 수녀들의 공동체로 운영되던 작은 마을이다. 오늘날 세계 문화유산으로 지정될 만큼 아름답고 평화로운 풍광과 고풍스러운 건축물들이 잘 보존되어 있다. 이후 이곳은 역사의 우여곡절 속에서 미혼이거나 사별하고 홀로된 40대에서 60대 여성들이 거주하며, 때로는 기도하고 때로는 봉사하며 살아가는 여인들의 안식처 기능이 추가되기도 했다. 현대의 베헤인호프는 여인들의 안식처로서 기능하지만, 그 양상은 달라졌다. 여전히 남자가 이 마을에 들어와 여인의 거처에서 밤을 보내는 것은 허락되지 않는다. 다만 아침부터 해 질 녘까지는 자유롭게 오갈 수 있으며, 이 신비로운 곳을 찾아온 여행객들에게도 개방되었다.

베헤인호프에 둥지를 틀 수 있는 조건은 여성이며 독신이다. 그런데 그곳이 보듬는 여인들 각각의 삶은 이전 세기와는 확연히 달라졌다. 입주자들은 대부분 조용하고 독립적인 삶을 주도적으로 살고 싶은 40대 이상의 전문직 독신 여성들이라는 공통점이 있다.

엘사가 이곳에 대해 알게 된 것은 20년 전으로 거슬러 올라간다. 지인이 마련한 자리에 참석했다가 만나게 된 40대 여인으로부터 그곳의 삶에 대해 듣게 된 것이다. 그 40대 여인은 그때 이미 수년째 베헤인호프에서 살고 있었다. 20대의 엘사는 그녀의 삶이 신비롭다고 생각되었지만 너무 외롭거나 지루하지 않을지 의문이 들었다고 고백한다. 결혼과 출산 등 당시 엘사에게 중요한 삶의 주제들은 많이 달랐기 때문이다. 그러나 세간의 기대대로 결혼하고 아이를 낳고 직장을 갖고 살다가 40대가 되자, 20년 전 만났던 그 여인이 왜 베헤인호프에서의 삶을 택했는지 사무치게 와 닿았다고 한다. 그 공감은 점차 동경으로 자라났고 마흔두 살의 어느 날 실현을 결심했다.

여기저기 자료를 찾아보고 정보를 수집하면서 마음이 굳건해지자 엘사는 남편과 딸에게 털어놓았다. 딸은 처음부터 엄마의 결정을 지지해주었다. 무언가 하고 싶은 게 분명한 엄마의 삶이 부럽다며 언젠가 자신도 엄마처럼 스스로 원하는 바를 찾아낼 수 있었으면 좋겠다고 말해주었다. 남편의 반응은 예상대로 절망 그 자체였다. 그는 결혼생활 18년 동안 아내가 강력히 주장한 일들은 늘 따랐으며 평범하지만 나름대로 행복한 결혼생활을 해왔다고 자부했기 때문에, 앞으로의 삶은 독립적으로 살고 싶다는 아내를 이해할 수 없었다. 결혼생활에 문제가 있나, 자신에게 불만이 있나 아무리 추궁해도 엘사의 답은 한결같았다. 지난 18년의 부부생활은 만족스러웠으며 여전히 남편을 존중하고 아낀다는 것이다. 단지 자신이 온전히 독립적인 삶을 개척하면서 살고 싶다는 생각이 강렬했을 뿐이며, 그런 결정에서 그들의 부부생활이 불만족스럽다든지 남편이 밉다든지 하는 전제는 전혀 무관하다고 했다. 이 상황을 어떻게 타개해가야 할지 막막하기만 했던 남편은 결혼생활상담소에 가서 문제를 해결해보자고 권하기도 했다. 또 엘사의 생각이 즉흥적이거나 일시적일 것이라고 짐작하고 당분간 잠깐의 별거 생활을 시도함으로써 주위를 환기해보자고 제안하기도 했다.

그러나 엘사는 자신의 시각으로 삶을 보는 시간을 가져달라고 부탁하며 함께 베헤인호프를 방문해보자고 제안했다. 남편은 그녀의 호기심과 그곳의 실상이 궁금해 동의했고 둘은 그곳을 돌아보게 되었다. 일주일의 휴가를 얻어 떠난 여행에서 남편은 단지 아내가 소녀처럼 들떠 잠깐의 일탈을 위해 베헤인호프를 택한 것은 아니라는 점을 확인할 수 있었다. 아내가 구체적으로 자신에게 주어진, 어쩌면 앞으로 50년도 더 남은 생을 개척해보고 싶어할지도 모른다는 것이다.

남편은 아내 엘사의 행복에 방해가 되어서는 안 된다고 생각하

••• 벨기에의 베헤인호프는 오늘날 세계 문화유산으로 지정될 만큼 아름답고 평화로운 풍광과 고풍스러운 건축물들이 잘 보존되어 있다.

였고, 더 나아가 그녀의 행복을 자신이 뒷받침해주고 싶다는 결론에 도달했다. 둘은 서서히 준비에 돌입했는데, 우선 독신 여성이라는 입주자격을 충족시키기 위해 이혼 절차를 밟았다. 여전히 함께 살고 일상을 공유하지만 남편의 지위는 이제 룸메이트로 조정되었다. 재미있는 점은 이로 인해 남편 피터의 삶에도 꽤 멋진 변화가 생겼다는 것이다. 피터는 만약 엘사가 베헤인호프로 가게 된다면 자신도 그 근처로 거주지를 옮길 예정이다. 이를 위해 IT전문가인 자신의 전문영역이 벨기에에서도 발휘될 수 있도록 유럽 관련 프로젝트에 우선적으로 관여하며 그곳 사람들과 인맥을 쌓기 시작했다. 그러면서 피터는 자기 자신의 삶도 새로 설계하게 되었다.

엘사가 베헤인호프로 입주하게 된다면, 아마도 두 사람은 서로의 거처를 오가며 새로운 커플 형태를 만들어갈 것이다. 어쩌면 엘사의 거처에서 함께 지내고 싶은 밤이면 남들의 눈을 피해 로미오와 줄리엣 같은 도피작전을 펴야 할지도 모르겠다. 낮에는 자유로이 엘사의 거처를 드나들 수 있겠지만, 남자가 밤을 보내는 것은 금지되었기 때문이다.

사실 베헤인호프 입주일은 언제가 될지 현재로써는 아무도 알 수 없다. 관계자에 따르면 입주를 원하는 명단은 현재 수천 명에 달하고 앞으로도 최소 7년은 기다려야 자리가 날지 알 수 있다고 한다. 언제가 될지 모르지만 그날이 올 때까지 두 사람은 새로운 인생에 대해 함께 또 따로 꿈을 키우며 살자고 약속했다. 이제 둘이 함께 번영하던 시기는 그들의 마음에서 종말을 고했지만 각자의 길로 한 걸음 앞으로 나아가는 시작을 할 때라면서 말이다.

좋든 싫든, 오늘날 우리는 결혼이라는 제도에서 모두 선구자라며, 인적미답人跡未踏의 불안정한 영역을 통해 우리 자신의 길을 골라야 하는 숙제를 가진다는 스테파니 쿤츠 교수의 제언에 고개가 끄덕여졌다. 가정의 행복이라는 가치를 살리기 위해 자신을 희생해야 한다는 논리도, 부부생활의 결론은 이혼뿐이라는 논리도 누구에게나 통용되는 절대적 가치를 부여받을 수 없는 시대가 바로 우리 후기청년들이 사는 세상인 것이다.

더 나은 세상을 위한 한 발짝

짠한 세상에 다리가 되어

많은 후기청년들이 자신이 앞으로 10년 안에 일구고 싶은 변화로 '세상을 좀 더 살기 좋은 곳으로 만드는 데 기여하는 활동을 더 많이 하는 것'을 꼽았다. 일곱 살 적에는 누구나 태권브이를 보며 고사리 손을 불끈 쥐고 인류를 구원하겠노라 결심하지만 10대를 거쳐 20,30대를 지나면서 그 장대한 결심은 삶에서 한참 밀려나 있다.

그런데 얽히고설킨 관계들 속에서 풀고 엮고 그렇게 한 40~50년 살다 보니 세상은 혼자 사는 것이 아님이 자명해졌다. 건강한 사회와 환경이 자신의 건강한 삶을 위한 기본 조건이라는 생각이 깊어진다. 내가 받은 축복은 나만의 것이 아닐 수도 있으며 어쩌면 '우리'라는 울타리에서 서로가 서로에게 보이지 않는 신세를 지고 그 동력들이 응축되어 우연히 내게 좀 더 안락한 삶이 허락되는 것일지도 모른다는 생각에 자꾸 주변을 둘러보게 되고 마음이 쓰인다. 누구든 간에, 인생의 어느 지점을 지나던 간에, 우리는 곁에 있어줄 누군가를 필요로 하니 말이다. 생계는 우리가 '얻는 것'으로 꾸리지만, 정작 인생은 우리가 '주는 것'으로 이루어진다는 처칠의 말이 번개처럼 스치기도 한다.

그리고 어느덧 인류를 구원하기 위해 반드시 '인조인간 로봇'에 올라탈 필요가 없고, 적을 무찌르기 위해 치명적 무기가 없어도 가능하다는 결론에 도달하게 된다. 마치 여름날 시원한 바람처럼 가볍게라도 세상을 조금은 더 아름답게 만드는 데 보탬이 될 수 있음을 깨닫게 되는 시기가 도래한 것이다.

꿈을 부화시키는 아저씨

데이브 에거스는 퓰리처상 후보까지 오른 베스트셀러 작가다. 그는 인기 작가였던 만큼 호화로운 생활이 늘 따라다니지만 여전히 골목을 어슬렁거리다 만나는 동네 할아버지들과 농담을 주고받고 꼬질꼬질한 동네 꼬마 녀석들이 몰려 다니다 던지는 뜬금없는 질문에 쩔쩔매며 답하는 일상을 더 좋아한다.

그런데 어느 날부턴가 동네 아이들이 더 이상 지역 공동체 어른들과 눈길을 마주치지 않는다는 사실을 알게 되었다. 자신이 자라던 어린 시절에는 길을 가다 만난 동네 어른에게 싹싹하게 인사 꾸벅 하면 평소 궁금했던 세상 돌아가는 이야기를 들을 수 있었다. 그 잔잔한 기억들이 작가로 자라는 귀한 양분이 되었는데, 요즘은 주변에 도움을 청할 어른이 없으니 아이들이 외톨이가 되거나 상상력이 부족해지는 것은 아닐까 걱정이 되었다.

데이브는 읽고 쓰기에 능하며 낮 시간대 활용이 자유로운 자신과 같은 어른들을 불러 모았다. 자신들의 장기를 살려 아이들에게 책 읽는 재미, 책에서 지혜를 길어 올리는 희열을 맛보게 하고 나아가 아이들 각자의 생각을 버무려 써내도록 하는 역량을 함께 키워보자는 것이다.

건물을 세내 아이들이 '과외' 간다는 마음의 부담 없이 불쑥 들어와 재미나게 놀다 보면 어느새 쓰고 읽고 소통하는 것이 익혀지도록 이 아지트의 이름을 거리명 그대로 '발렌시아 826번지'라고 짓고 아이들이 좋아할 만한 놀이감도 마련했다. 함께 공간을 꾸미던 동료 작가들이 '해적 보물선 같다'는 우스갯소리를 보태기도 했다. 아지트를 거의 다 만들어갈 무렵 건물주는 대로변 상가 건물이니 물건 파는 가게를 반드시 갖출 것을 요청하였다. 이에 데이브는 동료들의 이야기를 떠올려 내친김에 공간 뒤편을 온갖 재미난 해적 용품을 파는 상점으로 꾸몄다.

그렇게 몇 개월에 걸쳐 준비한 후 데이브와 동료들은 설레는 마음으로 수업을 마치자마자 우르르 몰려올 아이들을 기다렸다. 그런데 며칠이 지나도 가장 중요한 손님인 아이들의 발길이 뜸했다. 사회가 흉흉하다 보니 부모나 교사들로부터 낯선 곳에 가지 말라는 당부를 들었기에 아이들은 이 신기해 보이는 발렌시아 826에 발을 들일 수 없었다. 데이브는 곧장 지역 주민들과 학교로 찾아가 취지를 설명하고 아이들을 보내달라고 부탁했다.

이 지역은 이제 상상력 넘치는 아이들로 항상 활기가 넘치고 주민들 간의 유대감도 끈끈하다. 발렌시아 826은 자원봉사를 하는 수많은 어른들과 동네 아이들이 책을 읽고 토론하는 동네 사랑방이 되었을 뿐 아니라 아이들 중 몇몇은 직접 쓴 글을 출판하는 작가로 데뷔하게 되었다.

재미있는 점은 아무도 수지타산이 맞을 것이라 상상조차 하지 않았던 뒤편 해적 용품 가게가 수익을 낸다는 점이다. 원래부터 이윤을 목적으로 만들지 않았지만 지역 주민들이 자주 찾는 명소가 되자 해적 용품들을 만지작거리며 놀다가 사가는 사람들이 생겨났다. 이 이야기는 미국 다른 지역의 부러움의 대상이 되었고 곧 영국에서도 문을 열게 되었다.

오늘도 해적 보물선 같은 이곳에서 호기심 많고 세상 모든 것이 궁금한 꼬맹이들이 던지는 '철학적' 질문에 고정관념은 심어

••• '발렌시아 826'은 동네 사랑방이 되었을 뿐 아니라 꼬마 작가들이 저자로 데뷔하는 공간이 되었다.

주지 않으면서 상상력을 키워줄 수 있는 답을 해주고자 식은땀을 뻘뻘 흘리는 데이브의 모습과, 질문을 받고 어쩔 줄 몰라 하는 데이브를 보며 웃음보를 터뜨리는 아이들의 모습을 볼 수 있다.

이렇게 데이브는 꼬마 작가들을 '부화'시키는 데 큰 힘을 쏟고 있다. 누군가의 꿈을 부화시키며 산다는 것, 데이브에게 한 수 배우고 싶은 기술이다.

플라스틱 없는 세상

오스트리아에 사는 산드라 크라우트바쉴은 남편과 세 자녀를 데리고 크로아티아 해변으로 여름 휴가를 떠났다. 〈꽃보다 누나〉를 통해 우리에게도 꿈의 휴양지로 알려진 크로아티아의 해변으로의 휴가는 아이들이 자연과 가까이 느끼며 자라도록 하는 데 큰 신경을 쓰는 부부가 심사숙고해서 고른 곳이다. 맑고 청정한 바다에서 아이들을 맘껏 뛰어놀게 하고 싶었던 산드라의 희망은 바닷가에서 떠밀려오는 플라스틱 더미들을 보자 곧바로 사라져 버렸다.

물리치료사로 일하며 일과 가사를 병행하는 40대의 산드라는 우리의 몸에 해를 주는 환경에 늘 민감할 수밖에 없다. 땅과 바다와 공기 등 환경을 오염시키는 나쁜 요소들은 환자들에게 더욱 치명적이기 때문이다. 게다가 여행을 떠나기 전 〈플라스틱 행성〉이라는 다큐멘터리를 통해 플라스틱이 분해되려면 수백 년이 걸리고, 플라스틱은 땅과 바다가 죽어가게 하며 이는 곧 생명체들을 위협한다는 사실을 인지한 후인지라 산드라는 이 상황을 어떻게든 개선하고 싶었다.

휴가에서 돌아온 후 집 안에 플라스틱 물품들을 살펴보았다. 리사이클링이 잘되는 오스트리아지만, 그래도 환경호르몬을 분출하고 땅을 오염시키는 플라스틱이 우리 생활에 매우 깊숙이 들어와 있었다. 깨지지 않고 이동할 때 편하다는 이유로 아기들이 사용하는 젖병에서부터 온갖 생활용품에 이르기까지 비닐이나 플라스틱에 담긴 물품을 사고 버리는 것에 익숙해져 있다. 이뿐 아니다. 컴퓨터, 휴대폰 등 전자제품에도 플라스틱이 사용되는 부분이 있고 자동차나 자전거에도 들어간다. 일상에서 플라스틱을 완전히 제거하기란 불가능해 보였다.

그러나 이제 더 이상은 이대로 안 되겠다는 생각에 산드라는 남편과 함께 최대한 플라스틱 없는 생활을 일단 짧게 한 달이라도 시도해보자고 의기투합했다. 우선 부부는 집 안의 플라스틱 제품들을 버리기로 하고 집을 발칵 뒤집었다. 끝도 없이 나오는 플라스틱 제품들에 산드라는 다시 한 번 놀랐다. 그들이 사용하는 쇠제품이나 유리제품에도 얼마간의 플라스틱이 들어가기 때문에 그것에서 완전히 자유롭기는 어렵다. 가전제품과 대체품이 없는 자전거용 헬멧은 어쩔 수 없이 사용하고, 차는 다른 가족과 공동 사용하는 것으로 의논했다. 그리고 앞으로 피치 못하게 플라스틱 제품을 사야 한다면 중고제품을 사기로 했다. 거의 다 버리고 나니 이제는 플라스틱 물품들을 대신할 대체품을 찾는 것이 관건이었다. 나무로 만든 칫솔, 쇠로 만든 우유 통, 종이나 유리에 담긴 제품들로 하나씩 바꾸기 시작했다.

플라스틱 없는 라이프스타일에 아이들도 기꺼이 동참해주었다. 그런데 이 행보에 가장 잔인한 장애물은 비닐에 쌓인 채 판매

되는 화장실용 롤 휴지였다. 아이들은 신문지를 사용하자고 제안했지만 변기에 문제가 생기고 이래저래 일이 복잡해졌다. 다음으로 시도한 나뭇잎도 문제를 발생시키기는 마찬가지였다. 수소문 끝에 호텔이나 레스토랑용으로 파는 재활용 종이 타올에 대해 알게 되자 그들은 만세를 불렀다. 화장실용으로도 무방하고 종이에 쌓여 대량판매되는 이 종이 타올을 사용함으로써 구입비용까지 절약할 수 있었다.

처음엔 불가능해 보였지만 가족은 함께 열심히 연구하고 궁리하며 생활용품들을 바꿔나갔고, 이는 곧 쇼핑 습관과 생활 습관의 변화로 이어졌다. 무작정 장바구니에 쑤셔 넣던 지난날과는 달리 물건을 사기 전에는 가족에게 꼭 필요한 것인지 좀 더 신중하게 생각해보고, 더 나은 해결책은 없는지 체크하는 것이 습관이 되었다. 궁극적으로 삶의 철학이 송두리째 변했다. 자신뿐 아니라 세상 모두가 더욱 안전하고 깨끗한 환경에서 살아가도록 하는 생활은 누구에게나 가능하다는 것을 깨닫고 조금의 불편을 기꺼이 감수하는 태도를 갖게 되었다.

주변 사람들은 석기시대처럼 사는 거 아니냐, 무엇 하러 그 불편을 감수하느냐고 하지만, 산드라는 삶이 참으로 심플해지고 예전보다 더 안락해졌다고 말한다. 처음엔 한 달만 실험적으로 해보려던 플라스틱 없는 생활은 이제 그들 가족의 라이프스타일로 확고하게 자리잡았다.

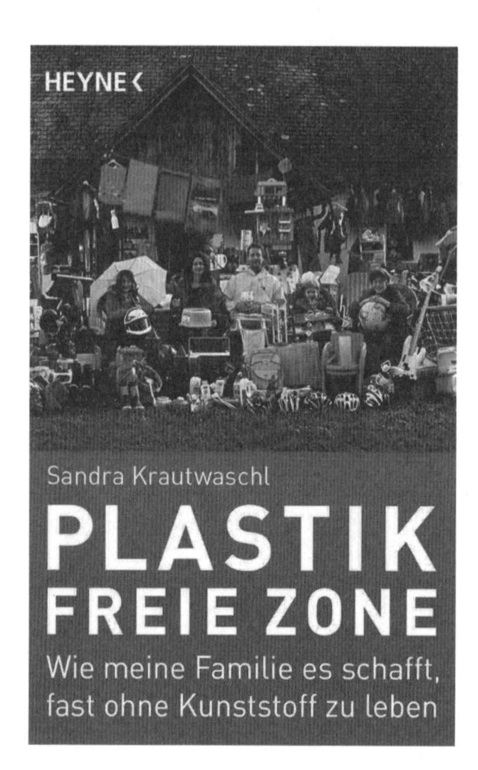

••• 산드라는 플라스틱의 폐해를 절감하면서 실천하고 삶을 획기적으로 바꾸었으며, 그 성과를 한 권의 책으로 써냈다.

산드라는 누구든 조금만 신경 쓰면 환경과 우리 몸을 오염시키는 플라스틱으로부터 자유로워질 수 있다고 제안한다. 직장과 집안일로 바쁜 와중에도 지역의 환경단체들에 플라스틱을 줄여도 얼마든지 생활할 수 있다는 것을 직접 경험한 자신의 이야기를 전하고 공유하는 데 게을리하지 않는다. 자신의 경험담이 다른 이들의 삶에 조금이나마 기여했다는 사실에 피곤함도 잊었다. 환경기관의 권유로 경험담을 책으로 남기는 일도 틈틈이 진행해서

『플라스틱 프리 존』이라는 책도 완성했으며, 지역 주민들의 추천으로 지역의 환경 기관이 주최하는 환경시민상 최종 후보에 오르기도 했다.

집을 빌려드립니다

'남자는 직장 상사에게 자신의 아파트 열쇠를 은밀히 빌려주기로 한다. 유부남인 상사가 숨겨둔 애인과 밀회를 즐길 장소를 제공하는 대가로 직장에서 승진을 노리는 속내다. 직장 내 권력게임에 이리저리 치이다 보니 어느새 집 열쇠를 요구하는 상사들이 늘어났고 각기 다른 상사들 사이에서 아파트 열쇠를 두고 아슬아슬한 스파이 작전까지 벌어져 남자의 일상은 엉망이 된다.'

1960년대에 상영된 〈아파트 열쇠를 빌려드립니다〉라는 미국 흑백영화의 내용이다. 시도 때도 없이 집을 비워주느라 하릴없이 영화관과 거리를 배회하고 공원의자에서 쪽잠을 청하는 집주인 남자의 모습이 우스꽝스럽지만, 영화는 가진 자와 못 가진 자, 가지려고 애쓰는 자의 뒤틀린 욕망을 들춰 보인다.

로스앤젤레스에 사는 중년의 변호사 토니 털벗도 2012년부터 남몰래 '집을 빌려주는' 일을 시작했다. 집을 빌려주는 동안 부모님 댁에 머무를 요량으로 어머니께 허락을 구했다. 번듯한 집과 변호사라는 직업을 가진 40대의 아들이 분가한 지 30년 만에 부모님 댁에 얹혀 살 수 있도록 해달라는 전화를 받은 어머니는 처음엔 가슴이 철렁 내려앉았다.

그러나 토니의 집 빌려주기는 영화 속 남자와는 전혀 다른 이유다. 집이 절실히 필요한 한 가족에게 1년간 마음 편히 살며 새 출발을 준비하는 공간을 마련해주기 위해서였다. 속내를 털어놓은 아들을 향해 어머니는 조용히 엄지손가락을 들어주는 것으로 지지를 표시했다.

토니의 '집을 빌려드립니다' 프로젝트의 첫 수혜자는 지역 보호소를 통해 추천받은 편모 가족이었다. 가정폭력에 시달리다 도망쳐 나와 보호소의 방 한 켠에서 지내던 네 아이의 엄마는 보호소에서 너무 어리다는 이유로 함께 지낼 수 없었던 막내까지 데려와 모든 살림살이가 갖춰진 방 세 개짜리 토니의 집을 매월 1달러의 월세에 1년간 살게 되었다.

토니는 어린 시절, 늘 갈 곳 없는 사람이 머무를 수 있도록 방을 비워 두던 아버지로 인해 저녁 식탁에 낯선 이가 함께 앉아 밥을 먹지 않았던 날들이 없었다고 회상한다. "뒤돌아보니 제 인생의 탄탄대로 옆에는 제가 미처 마음 쓰지 못한 이웃들이 있더군요. 우리는 다른 누군가에 대해 책임이 있다, 우리는 서로를 돌보아야 한다는 것이 아버지의 가르침이었는데 너무 오래 잊고 살았나 봅니다." 15년간 앓고 있는 알츠하이머병 때문에 아들이 자신의 가르침을 따라 세상을 따뜻한 곳으로 만들고 있음을 알지 못하는 아버지에게 왜 진작 '철든 모습'을 보여드리지 못했나 후회가 된다며 눈시울을 붉힌다.

처음 '낯선 이에게 1년간 월세 1달러에 집주인처럼 살도록 하고 싶다'는 생각을 밝히자 친구들로부터 제정신이 아니라는 핀잔이 돌아왔었다. 그런데 올해로 3년째 집이 절실히 필요한 가족들에게 새 출발을 할 수 있게 성공적인 인큐베이터가 되어주자 토니를 따라 하겠다고 나서는 친구들이 하나둘 늘었다. 1년씩 자신의 집을 거쳐간 가족들을 먼발치에서 지켜보는 토니는 둥지를 떠나 날개를 펴는 아기 새를 보는 심정이라고 말한다. 그리고 이제 다섯 번째 세입자를 맞을 준비에 들떠 있다.

미처 못 다한 모험

홀로 떠나는 여행

P는 몇 년 전부터 자신의 50세를 새로운 인생의 시작점으로 삼겠노라 공언해왔다. 그 장대한 서막은 스스로에게 50세 기념 생일선물을 주는 것으로 열겠다는 선언도 덧붙였다. 3년간 그 계획을 위해 따로 적금을 부어왔으며 틈틈이 준비도 해왔다는 것이다. 그 선물은 홀로 떠나는 아프리카 여행이었다. 그렇게 머릿속으로 수도 없이 상상했던 부풀고 설레던 여행을 드디어 올해 떠나게 되었다. 그런데 막상 카운트다운이 시작되니 막막했다. 패키지 여행이 아니라 스스로 루트를 정하고 혼자 다니는 여행이다 보니 정보 습득부터 난관에 봉착했다. 떠날 날짜가 다가올수록 아프리

카라는 미지의 땅은 20대 젊은이들이나 가는 곳이 아닐까, 자신이 그 낯선 곳에서 혼자 소외된 이방인이 되는 것은 아닐까 불안해졌다는 것이다.

폭풍검색 끝에 어느 블로그에서 travellerspoint라는 사이트에 가면 전 세계 여행자들이 곳곳을 다녀온 이야기도 공유하고 좋은 정보도 얻을 수 있다는 글을 읽고 바로 클릭했다. 3년 전부터 여행을 대비해 틈틈이 영어 공부도 시작했던 터라 찬찬히 들여다보니 정말 알고 싶은 모든 것이 있는 듯싶었다. 그러나 P에게 더욱 기쁜 사실은 40,50대뿐 아니라 60,70대의 여행자들도 홀로 가방을 챙겨 미지의 세계로 여행을 떠나며 젊은이들과도 스스럼없이 어울리더라는 점이었다. 젊은이들로부터는 최신 정보를, 그들은 인생의 지혜를 서로 교환하는 방식으로 공평한 기브앤테이크를 이루었다.

용기를 내어 정보 공유란에 '내가 50세 여자인데 이 여행이 가능하겠는가' 하고 짐짓 앓는 소리를 올렸더니 전 세계 20대부터 70대까지 여행자들로부터 답글이 엄청나게 달렸다. "걱정 마세요! 혹시라도 궁금하신 점이 있으면 길에서 만나는 젊은이들에게 도움을 청하면 누구라도 기꺼이 도와드릴 거에요"라고 쓴 20대의 폴, 남편과 이혼 후 비참해졌던 삶의 치유가 되어준 홀로 여행을 회상하며 전업주부였던 자신도 해냈으니 당신도 잘할 거라고 응원해준 58세의 클레어, 자신의 첫 홀로 여행이 바로 50세에 시작되었고 얼마 전에 호주를 혼자 한 달간 횡단하고 왔으니 "No Problem, Seize the moment"라고 용기를 북돋워준 65세의 존. P는 알찬 정보뿐 아니라 그보다 더 귀한 '용기'를 얻어 자신이 직접 고른 50세 생일 선물을 감사히 누리려 여행을 떠났다.

앞서 소개한 40대 후반의 N은 1년간 유라시아 횡단을 하고 마지막 여행코스로 산티아고까지의 순례길을 한 달간 걸었다. 추위가 한창이던 1월의 어느 날 N으로부터 카톡이 도착했다. 그가 하룻밤 묵으러 들어간 숙소에 비치된 방명록에서 한글로 쓰인 메모를 발견했다며 사진을 찍어 보낸 것이다. 방명록에는 이런 글이 남겨져 있었다.

"자꾸 길을 잃는다. 나이 탓일까? ^^
70에 걷는 Santiago 길. 하나님의 가호가 있으시길.
-길 나그네- KOREA"

N보다 1년쯤 앞서 그 길을 걸었던 70대 한국인 순례자의 메모였다. 순례자의 길을 걷는 루트는 몇 개로 나뉘는데, N이 택한 길은 아직 한국인들에게는 상대적으로 덜 알려진 길이라고 한다. 그 길에서 모국어 메모를 발견한 것도 드문 일인데, 하물며 그 메모는 70대가 남긴 것이었다며, N은 남들이 늙었다고 생각하는 나이에 지구 반대편 어딘가로 홀로 여행을 떠난 '용자'로서의 동료애

27/09/14
자꾸 길을 잃는다. 나이 탓일까? ^^
70에 걷는 Santiago길. 하나님의 가호가 있으시길
-길나그네- KOREA
28/09/14
merci d'ouvrir avant l'heure ce dimanche
et de nous donner des informations -
Renée et José de Savoie
France

••• '나이 탓'을 웃는 모습의 이모티콘으로 가볍게 날려버린 칠순 어르신의 메모에 내 마음에도 파도가 일렁였다.

를 경건히(?) 표출했다.

'나이 탓'을 웃는 모습의 이모티콘으로 가볍게 날려버린 칠순 어르신의 메모에 내 마음에도 파도가 일렁였다. 무거운 배낭을 메고 하루 20,30킬로미터를 한 달여간 하염없이 걷는 여정은 종종 N에게도 버거운 날이 있을 만큼 힘들다는데 무사히 순례를 마치셨을까, 그 길 위에서 이 길 나그네는 어떤 생각을 했을까. 그가 궁금했고 그의 이야기가 듣고 싶어졌다. 순례자의 길 어드메 작은 숙소에서 메모를 발견하고 사진을 찍어 보내준 N의 마음도 그러했다. 여행을 떠나 그 길에 있던 N도 이곳에 남은 나도 '길 나그

네'를 향한 따뜻한 관심과 응원만큼은 다르지 않았다. 그렇다. 아무리 먼 곳이라도 꿈을 좇아가기에 늦은 때란 없다.

삶의 의미를 찾기 위한 여행

미국에 사는 바바라 바이벨이 일을 하는 목적은 오로지 하나였다. 은퇴 후 안정적인 삶을 준비하기 위해 돈을 벌어야 한다는 것이다. 그렇게 악착같이 모은 돈은 이제 매일 일을 나가지 않아도 될 만큼 모였다. 그럼에도 바바라는 일을 손에서 놓지 못한다. 노후생활에 대한 불안감이 그녀의 가장 큰 두려움이었기 때문이다.

40대 후반, 바바라는 어느 날 아침 침대에서 일어나기조차 힘들 정도로 몸의 이상을 느꼈다. 회사를 결근하고 병원으로 향하면서도 오후 업무 일정이 머릿속에 가득했다. 그저 몸을 혹사한 대가로 온 몸살이겠거니 생각한 바바라의 예상은 빗나갔다. 의사는 정밀검사를 제안했고 사태가 심상치 않다고 말했다. 그녀에게 닥친 병은 제2의 에이즈로 불리는 감염병인 라임병이었다. 풍토병의 일종으로 균이 신체에 침범해 여러 기관에 병을 유발하는 심각한 질환이다. 전신에 참을 수 없는 고통을 겪으면서 투병생활을 해야 한다.

친구들은 바바라의 기분을 살려주려고, '평생 쉬지도 않고 일했으니 핑계 김에 편안히 지내라'고들 했지만, 바바라는 투병생활을 하며 가슴에 커다란 구멍이 난 듯 허탈했다. 가슴의 큰 구멍을 메우지 않으면 더 이상 삶을 살아갈 수 없을 것 같았다. 인생은 내일 죽을 수도 있는데, 왜 그토록 오늘을 희생하며 살아왔을까 자신의 삶에 후회가 밀려왔다.

병상에서 바바라는 가슴에 난 커다란 구멍을 어떻게 채울 것인가를 고민하고 또 고민했다. 안정된 소득을 잃을지 모른다는 공포가 다년간 그녀로 하여금 많은 것을 그냥 스쳐 지나가게 했다. 게다가 그녀가 속한 사회, 가족, 지인들은 자유로운 생활을 인정하지 않는 분위기였다. 돈을 벌고 저축하고 노후자금을 만드느라 그녀의 삶에는 인생의 장면 장면을 풍요롭게 채워줄 기억과 추억이 부재했다. 어릴 적 그토록 열정을 불러일으키고 즐겁게 만들던 여행과 사진 찍기, 글쓰기 등은 직장생활과 함께 의식적으로 멀리해왔다.

병에 걸리고 나서야 이렇게 살아서는 안 되겠다는 생각이 간절해졌다. 꿈꾸던 그 많은 것들을 시도조차 해보지 못하고 죽는다는 것이 바바라에게 더 큰 두려움이 되었다. 병상에 누워서 살아온 날들을 되돌아보고 스스로에게 물었다. 자신을 행복하게 하는 것이 무엇인지. 여행을 다니고 사진을 찍고 글을 쓰고 싶어했던 자신의 어릴 적 꿈이 깨어났다.

퇴원 후 바바라는 이제부터라도 인생을 살면서 해보지 못한 경험들로 가슴에 난 구멍을 메우기로 마음먹었다. 그리고 여행을 계획하기 시작했다. 동시에 불확실성을 끌어안고 이를 가치와 신념과 기대로 바꾸기 위해 무엇부터 해야 할까 찬찬히 짚어보았다. 회사라는 벽을 허물지 않으면 그 변화를 만들지 못할 것이 자명해졌다. 그리고 기거하는 아파트와 생활용품들을 제외한 소유 물건들도 정리하기로 했다. 통장 잔액이 더 이상 의미 없어졌다. 물질적인 것들을 정리하면서 이것들이 그녀를 행복하게 만들지 못한다는 것이 더 확실해졌다. 불확실성과 결별하자 그녀는 완전한 자유를 느꼈다.

그렇게 바바라는 참으로 오랜만에 자신의 어린 시절 꿈이던 여행을 떠났다. 여행하며 사진을 찍고 글을 쓰는 자신이 마냥 대견스러웠다. 사진과 글들은 고스란히 블로그에 기록해 나갔다. 세상을 다른 눈으로 바라보기 시작한 그녀의 여행기록은 여행지에서의 볼거리나 먹을거리뿐 아니라 삶을 반추하고 생각을 돋우는 깊이 있는 통찰로 버무려져 있었다. 그래서인지 그녀의 블로그를 찾는 팬들이 생겨나기 시작했고, 여행기를 올릴 때마다 그 수는 몇 배씩 늘었다. 그 인기에 힘입어 바바라는 프리랜서로 글과 사진을 잡지 같은 매체에 팔 수 있게 되었다. 수입까지 생기게 된 것이다. 원하는 일을 하면서 생활비도 충당할 수 있게 되었으니 너무도 만족스러웠다.

그렇게 2년여를 다니는 동안 미국에 있는 자신의 아파트에는 두 번 방문했다. 크리스마스 때마다 가족에게 돌아와 한 달 정도 보내는 것이 그 집이 갖는 효용의 전부였다. 그래서 그녀는 아파트도 정리하기로 했다. 늘 비워둘 텐데 렌트비를 내면서까지 유지할 필요가 없었다. 그리고 진정한 '전업 여행자'가 되기로 했다. 이제껏 살면서 가장 잘한 결정이 '가지고 있으면서도 소용이 없어진 것들을 다 처분하는 것'이었다. 전업 여행자로서 본격적인 노마드 생활을 하는 데 꼭 필요한 몇 가지만 동반하면 된다. 올해로 그렇게 노마드 생활을 시작한 지 7년이 되었고 바바라는 이 기간을 지난 어느 때보다 충만하게 살았다.

바바라는 50세가 되어서 이렇게 생을 바꾸고 알게 된 사실이 있다며, 자신은 애초부터 어느 한 곳에 머무르는 데 적합한 사람이 아니라고 말한다. 어릴 적부터 늘 사람들, 장소들에 대한 호기심이 넘쳤고 새로운 곳에서 보고 듣게 된 경험을 다른 이들에게 들려주고 싶은 열정이 끓는 아이였다는 것이다. 이제 전업 여행자가 되고서도, 어떤 여행지를 갈지 마음이 이끌리는 데로 정하고 있으며, 얼마나 머물지도 현지에서 결정한다. 언제나 편도 항공권을 끊어 둘러보고 글 쓰고 사진 찍고 한껏 탐험하다가 또 다른 목적지로 떠난다는 것이다.

사람의 인생은, 이렇게 어른이 되어서도 몰랐던 자신에 대해, 혹은 잊고 있는 자신의 진짜 정체성을 발견하게 되는 것인가 하며 늦게라도 찾은 것이 얼마나 다행스러운지 모른다고 한다. 몇 년 전 마치 도넛의 가운데 구멍처럼 자신의 가슴에 있던 커다란 구멍이 달콤한 젤리로 채워졌다는 것이다. 지난 7년을 돌아보며 왜 좀 더 일찍 시작하지 못했을까 하는 단 한 가지 후회가 남는다고도 했다.

우리는 모두 인생의 어느 시점에, 가슴에 채워야 할 구멍을 갖고 있는 듯하다. 바바라는 여행을 통해 그 구멍을 채우고 있다. 어쩌면 그 여행은 그저 낯선 곳에서 신비로운 경험을 하는 것으로 그 임무를 다하는 것은 아닐지도 모른다. '세상에는 오직 한 가지 여행만이 있다. 너 자신의 내면으로의 여행'이라는 릴케의 말처럼, 여행은 삶과 자신과 내면을 조우시키는 매개체가 되어주기도 한다.

마션을 꿈꾸는 사나이

천재 우주물리학자이자 세계에서 가장 중요한 과학자 중 한 명으로 꼽히는 스티븐 호킹 박사는 인류가 우주로 나아가 식민지를 개척해 새 정착지를 만들지 않으면 멸망할 것이라 단언한 바 있다. 인류는 오랫동안 우주 식민지 개척을 꿈꿔왔고 미국 나사를 비롯해 여러 연구단체에서 지구와 비슷한 행성들을 찾아가거나 그곳에서 살기 위한 준비를 시작했다. 몇 년 전부터는 새로운 보금자리로 화성이 주목을 받고 있다. 지금까지 알려진 바에 의하면, 화성은 태양계 내에서 지구와 흡사한 조건을 갖고 있다. 지구 절반 정도의 크기에 대기가 존재하며 바다가 있을 가능성도 감지되었다. 영화 〈마션〉이 어쩌면 진짜 실현될지도 모를 일이다.

2013년 세계적인 관심을 불러일으킨 화성 이주 프로젝트인 '마스 원Mars One'은 네덜란드의 한 비영리단체가 주도하는 것으로, 2030년 화성 정착 마을 건설을 목표로 제시한다. 마스 원 프로젝트는 2030년까지 지구인 4명을 한 팀으로 6개 조로 나누어 화성에 보낼 것이라며 세계적으로 지원자를 모집했다. 선발 과정은 여러 단계의 미션을 리얼리티쇼처럼 진행해 시청자나 인터넷 사용자의 의견도 평가에 반영하기로 했다.

화성 정착촌 지원자에게 제시된 조건은 이러하다. 우선 화성행은 편도 티켓이다. 한 번 가면 다시 지구로 돌아올 수 없다. 평생 화성 정착촌을 일구며 거기서 생을 마치게 된다. 대기압이 낮아 북극보다 낮은 기온과 극심한 산소 부족을 견디며 마을을 일궈야 한다. 최종 선발자는 화성으로 떠나기 전까지 약 8년간 엄청나게 고된 다양한 훈련을 받아야 한다. 화성까지 도달하는 기간인 9개월여간 우주공간에서 버티기 위한 훈련, 우주비행사로서 우주선에 대한 기술, 장비, 수리 등 다양한 분야를 습득하기 위한 훈련을 해야 하는 것이다. 화성에 도착하면 캡슐 형태의 집을 짓고 온실을 만들어 산소와 식량을 자체 조달하며 생태계를 만들어야 한다.

인간이 살아가기 위한 제반 조건을 직접 건설하는 것이다.

혹독한 생활환경과 지구로 다시는 돌아올 수 없다는 조건을 내걸었음에도 이 소식이 뉴스를 통해 알려지자 전 세계에서 무려 20여만 명이 마스 원 프로젝트에 지원했다. 지원자들은 왜 화성에 가고 싶은지를 영상에 담아 보내는 것으로 지원서를 대신하게 된다. 영상 지원을 통과한 지원자는 4,227명이었고 이후 몇 번의 과정을 거쳐 2015년 100명을 선발했다. 이들 중 마지막 관문을 통과하게 될 24명은 최종적으로 화성 정착촌 이주민이 된다.

독일에서 사는 45세의 슈테판 군터는 2013년 이 소식을 듣고 심장이 터질 듯해서 밤잠을 못 이루었다고 말한다. 아주 어렸던 1969년, 아폴로호가 달에 착륙하는 텔레비전 프로그램을 넋 놓고 보았던 때를 생생하게 기억할 정도로 자신의 삶은 우주와 떼려야 뗄 수 없었다고 한다. 그는 스스로를 '우주 중독자'로 부른다. 어릴 때 자신이 가장 즐겼던 놀이는 커다란 상자를 상상의 우주공간으로 만들어 우주비행선을 날리고 우주정거장에 도킹시키는 것이었다. 자라면서는 우주 여행과 관련된 기사와 책을 몽땅 섭렵했다고 한다. 지금 그는 우주 시뮬레이션 게임과 앱을 만드는 소프트웨어 회사를 운영하고 있다.

그는 최초의 화성 정착민이 되는 일생일대의 기회를 놓칠 수 없다는 생각에 곧바로 지원 영상을 만들어 마스 원 프로젝트팀에 보냈다. 화성에 첫발을 디딘 최초의 지구인이 될 수만 있다면, 평균기온 영하 60도, 사하라 사막보다 심한 먼지 그리고 극심한 산소 부족도 그에게는 문제가 되지 않았다. 화성행은 언젠가 우주로 여행을 떠나는 것을 평생의 꿈으로 안고 살던 그에게 자신의 인생을 완성할 기회였기 때문이다.

슈테판은 2013년 가을 전 세계 수십만 명 중 첫 번째 라운드를 통과한 1,058명 안에 자신이 들어 있음을 확인하고, 어쩌면 자신의 꿈이 정말 실현될지도 모른다는 생각에 아내에게 지원 사실을 털어놓았다. 그는 지금의 아내와 5년 전 결혼했으며 첫 결혼에서 얻은 세 아이를 함께 키우고 있다. 아내 비에트는 남편의 화성행 지원 소식을 들었을 때, 편도라는 의미를 이해할 수 없었다고 한다. 그리고 다시는 지구에 돌아오지 못한다는 것을 알게 되었을 때의 충격은 이루 말할 수 없었다. 그때 그녀는 결혼 자체에 대해 다시 생각해야 했다며, 훈련을 마친 8년 후 떠날 거면 당장 이혼하지 않을 이유가 무엇이냐고 울부짖었다.

화성행이 지구귀환을 보장하지 않는 편도 티켓인 이유는 3가지다. 우선 기술의 문제다. 현재의 기술로는 화성에서 지구로 돌아오는 발사유도체를 만들 수 없다. 다음은 비용의 문제다. 화성에 보내는 것만도 천문학적 비용이 드는데, 귀환까지 포함한다면 그 비용은 4배가량 높아진다. 세 번째는 인간의 신체가 화성에서 견딜 수 있는가의 문제다. 만약 훗날 비용 문제가 해결되고, 기술이 향상된다고 하더라도 최초 선발대가 화성에서 그때까지 살아

••• 슈테판은 화성행 편도 티켓을 따내기 위한 2년간의 시간이야말로 진짜 여행 기간이었다는 사실을 깨닫는다.

남아 있으리라는 보장이 없다. 지구와 환경 차이가 있어서 화성에 도착한 순간부터 근육과 뼈가 현저히 빠른 속도로 감소하기 때문이다.

모든 환경적 조건을 감수한다 하더라도 슈테판에게는 가족을 남겨두고 떠나야 한다는 절체절명의 결정이 남아 있었다. 아이들에 대해서는 걱정이 덜했다. 8년 후면 아이들은 어차피 자신들의 길을 찾아갈 것이기 때문이다. 그러나 평생을 함께하기로 약속하고 결혼한 아내와의 이별은 자신의 평생의 꿈과 그 무게를 비교해야 하는 과제였다.

그는 지구를 영영 떠나면서까지 화성에 가고 싶은 이유를 스스로에게 묻고 또 물었다. 아내와 자식까지 남겨두고 떠나는 것이 무모한 일은 아닌가? 그러나 그에게는 우주를 향하는 마음이 컸다. 아내를 사랑하고 만족스러운 결혼생활을 했지만, 평생을 간직해온 꿈을 이룰 기회를 스스로 포기할 수도 없었다.

슈테판은 아내에게, 화성행은 자신의 꿈을 이루는 것일 뿐 아니라 어쩌면 인류 전체에게도 희망을 줄 수 있을 것이라고 말했다. 그리고 최종 선발자로 뽑혀 떠나기 전까지 남은 기간인 8년을 한 평생처럼 알차게 살겠다고도 했다. 아내는 남편의 꿈을 말릴 수 없다는 결론에 도달했다. 그리고 지구에서 지내는 날들을 최고로 행복한 시간으로 보낸 후 보내주기로 마음을 바꿨다. 이때쯤 슈테판에게 쟁쟁한 경쟁자들 속에서 660명을 뽑는 두 번째 라운드도 통과했다는 소식이 전해졌다. 앞으로 남은 관문은 두 개다. 이제 2015년 봄으로 예정된 100명을 뽑는 세 번째 라운드와 2016년으로 예정된 최종 24인의 화성 정착민 선발이 남았다.

아내 비에트는 8년 후 남편이 거대한 목표를 향해 자신을 떠난다는 데드라인의 설정이 결혼생활 자체에 변화를 가져왔다고 말한다. 부부는 함께하는 일상을 늘렸으며 매일 매시간을 소중히 보내게 되었다. 지구에서 함께하는 시간 동안 최고의 날들이 되도록 서로를 행복하게 하도록 하는 것이 최우선이었다. 그의 생활에도 큰 변화가 있었다. 체력단련을 위해 스스로 맹훈련을 시작했으며, 우주 지식을 쌓는 심도 있는 공부도 시작했다. 그는 비행교관 자격증도 있었지만 늘 직장 일에 밀려 등한시했는데, 더 부지런히 필드에 나간 결과 부수입도 올리게 되었다.

2015년 봄, 100명의 후보에 선발되기를 초조하게 기다리던 슈테판에게 탈락의 소식이 전해졌다. 화성으로 떠나지 못하게 된 것이다. 주변사람들에게는 아내와 자식을 버리고 화성에 가려 했던 이기적인 사람으로 치부되면서까지 꼭 이루고 싶었던 일이 수포로 돌아가자 그는 실망감에 가슴이 무너져 내렸다고 한다. 그러나 며칠 안 가 슈테판은 자신에게 그간 놀라운 변화가 있었음을 깨닫게 되었다. 화성행 도전은 비록 불발되었지만, 돌이켜보니 잃은 것보다 얻은 것이 더 많은 지난 2년이었다.

화성행 편도 티켓을 따내기 위해 노력했던 지난 2년의 시간이야말로 진짜 여행 기간이었다는 것이다. 8년 후면 영영 돌아올 수 없는 곳으로 떠난다는 결정은 자신의 일상과 철학과 삶을 대하는 태도를 송두리째 바꿔놓았다. 그간 단련한 체력도 예전보다 훨씬 좋아졌으며 틈틈이 다시 갈고 닦은 비행교관직에서도 새로운 일거리가 넘쳐나게 되었다. 무엇보다 그 기간을 통해, 지구 위에서 펼쳐지는 일들을 당연하게 여기지 않게 되었다. 하루하루를 어떻게 살아야 할지, 사랑하는 사람들은 어떻게 대해야 할지 자신에게 주어진 소중한 것들을 최대한 음미하도록 했다. 가족과 일과 친구들과의 시간이 충만해지도록 하루를 보내야 한다는 각성만으로도 자신은 더 멋진 삶을 살게 되었다고 말한다. 짐을 꾸려 집을 떠나지 않아도 진짜 여행을 할 수 있다는 인생의 비밀을 알게 된 것이다.

3장

후기청년, 우리의 진짜 인생을 위하여

사람은 편견을 극복하기 위해 싸우는 만큼 젊다.
누군가가 사람들과 세상을 거만하게 무시한다면,
나이가 겨우 스물둘이라 해도 그는 이미 늙어버린 것이다.

파울로 프레이리

변화가 끝날 것이라는 착각

새로운 인생의 상승곡선

우리는 왜 '중년은 치명적 하강곡선'이라는 속설을 떨쳐버리지 못하는 것일까? 미국의 조사기관 퓨 리서치 센터의 연구에서 힌트를 찾아볼 수 있겠다. 미국인들을 대상으로, 노화를 늦추고 120세 이상 살 수 있도록 하기 위해 의학적 도움을 받겠느냐는 질문에 56퍼센트가 원하지 않는다고 답했다. 이런 비관적 시각에 대해 연구소는 사람들이 자신의 노년기를 부모나 사회적 기준의 노년기에서 유추하는 경향이 있기 때문이라고 분석했다. 원치 않는다고 답한 이들 대부분이 부모나 조부모가 70대 혹은 80대에 돌아가셨는데 그때 너무 힘들어 보였다는 것을 이유로 들었기 때문이다. 그런데 이들에게 '지금까지는 이미 신체가 늙은 상태에서 이를 유지하여 생명을 연장하는 것이었으나 미래는 젊음을 오래 유지하는 것'이라는 구체적 상황을 설명해주자 답변자들의 태도가 확 바뀐다.

인간의 변화에 대한 태도는 사실 굉장히 양면적이다. 사람은 변화에 저항하려는 저항의지와 변화를 만들어내려는 개척의지를 함께 갖고 있다. 이것은 인류가 존속해온 비결 중 하나다. 변화만 추구하면 위험요소에도 그만큼 많이 노출되고, 변화에 무조건 저항만 하면 발전이 없다. 인간은 참으로 오묘한 존재다.

하버드대학교 심리학과 댄 길버트 교수는 이 문제에 대해 재미있는 연구를 진행하고 그 결과를 '당신이 스스로가 기대하는 사람이 되지 못하는 이유'라는 제목으로 발표한 바 있다. 청소년부터 노인까지 1만 9,000명이 실험 대상이다. 길버트 교수는 이 1만 9,000명 참여자들에게 세 개의 질문에 답하도록 했다. 첫 번째 질문은, 가장 좋아하는 음식, 휴가 장소, 취미, 음악 등 각자의 성격과 선호에 관한 것이다. 두 번째 질문은 10년 후 세상의 미래에 대한 예측에 관한 것이고, 세 번째 질문은 그 10년 동안 그들 자신은 얼마나 변할 것 같은가였다. 두 번째 질문, 즉 10년 후 세상의 미래에 대한 예측에 있어, 나이가 젊을수록 세상이 엄청나게 많이 변할 것이라는 예측을 지지했다. 나이 든 사람들도 변화가 있을 것이라는 점에는 동의하지만 젊은이들만큼 급진적으로 보진 않았다. 세 번째 질문, 즉, 세상이 그렇게 변하는 그 10년 동안 자기 자신의 성격이나 취향 등이 어떻게 변하리라 생각하느냐에 대해서는 모든 연령층에서 변화가 별로 없을 것이라는 답이 나왔다. 길버트 교수는 추가 질문을 제시했다. 지난 10년과 지금을 비교했을 때 자신이 얼마나 변했느냐는 것이다. 응답자들 대부분은 과거의 자신과 지금의 자신은 아주 다르다고 답했다. 지금의 나는 그때의 나가 아니라는 것이다.

또 다른 실험에서도 결과는 비슷했다. 10년 전에 자신이 최고로 좋아했던 밴드는 무엇이며 그 밴드의 콘서트에 오늘 갈 수 있다면 얼마를 지급할 것인가에 대해 묻자 응답자들은 평균 80달러를 지급할 의향이 있다고 답했다. 그렇다면 지금 자신이 최고로 좋아하는 밴드는 무엇이며 이 밴드의 콘서트에 10년 후 갈 수 있다면 얼마를 지급하겠는가에 대해 평균 129달러를 지급하겠다고 답했다. 아마도 10년 후 이들은 그 미래의 어느 시점에 새롭게 마음을 휘어 잡힌 어떤 밴드의 콘서트에 갈 비용을 마련하느라 지금 좋아한다고 말했던 밴드는 안중에도 없을 수 있다. 그러나 그 사실을 깡그리 무시한 채, 자신이 10년 후에도 지금과 같을 것이라 생각한다는 결과다. 물론 추억에 잠겨 그때 그 노래를 다시 들어보고 좋아할 순 있겠지만 자신의 취향이 변해왔다는 사실은 인정해야 할 것이다.

사람이 과거와 미래에 대한 자신의 이야기를 구축하는 현상을 연구해온 노스웨스턴대학교 심리학과 댄 맥아담스 박사에 따르면, 사람들은 과거에 대해서는 역동적이고 촘촘한 구성으로 이야기하는 데 반해, 미래에 대해서는 지금과 별반 달라질 것이 없으리라는 모호하고 뻔한(상상력이 없는) 예상을 한다. 맥아담스 박사는 자신의 딸이 네 살이던 20년 전에 나눈 대화를 공개하며 이와 같은 현상을 설명한다. 1980년대 네 살이었던 딸은 닌자거북에 푹 빠져서 온통 그 이야기뿐이었다. 자신의 딸에게 "언젠가는 닌자거북이 더 이상 네가 최고로 좋아하는 것이 아닐 수 있다"고 하자 네 살 딸은 그 가능성을 완강히 거부하고 죽을 때까지 닌자거북만 최고로 좋을 거라고 단언했다. 그런데 이제 20대가 된 딸이 그 일을 회상하며 아빠에게 사실을 고백해왔다. 그때는 아빠의 가정을 완강히 저항했지만 마음 한구석에서 아빠 말이 맞을지도 모른다고 생각했다는 것이다. 불과 네 살인 어린아이도 변화를 거부한다는 것은 기본적으로 우리에게 상상에 대한 실패 소지가 있음을 의미한다. 딸은 당시 닌자거북을 대체할 만한 그 무엇을 상상하지 못 했기 때문이라는 것이다. 어렴풋이 자기가 변할지도 모른다고 생각했지만 '어떻게'에 대해서는 상상을 못하니 그냥 계속될 것이라고 생각해 앞으로 나아가지 못하고 묶여 있게 된다. 이런 태도는 우리 모두에게 있다.

결국 사람들은 과거의 자신은 현재의 자신과 확연히 다르다고 인정하면서도 자신의 미래는 현재와 다를 바 없을 것이라 가정한다는 것이다. 길버트 교수는 이러한 현상을 '변화가 끝날 것이라는 착각'이라고 칭한다.

그렇다면 우리가 살아갈 날들의 '라이프 스테이지life stage'라는 개념은 어떤가? 라이프 스테이지는 사람이 태어나서부터 죽을 때까지 경험하는 발달상의 여러 단계를 말한다. 나이에 맞는 행위, 행동이라는 것은 있는가? 어른답다, 여자답다, 부모답다, 언제 무엇을 해야 한다는 사회적 약속은 여전히 건재한가?

나이 드는 게 비극적인 진짜 이유는?

연구자들은 지금이 어떤 나이에 무엇을 해야 한다는 관념이 파괴되는 시기라고 입을 모은다. '청년기는 이래야 돼, 노년기는 이래야 돼'라는 의미가 퇴색하는 징조가 나타나고 있으며 서로의 연령대를 뛰어넘어 이해하려는 시도도 속출한다. 결혼 적령기, 출산 적령기, 퇴직 적령기 같은 인생의 통과의례에 대한 적용이 다양해지고 경계가 희미해지는 것이다.

그 과도기에 때로는 충돌이 일어나기도 하는데, 현재 노년기와 청년기는 세대 간 장벽에 금이 가는 시기이며 극단적인 경우 서로 대치 국면을 보이기도 한다. 예를 들어보자. 요즘 지하철 노약자석과 지하철 노인 우대 무임승차 등에 대해 불만 많은 젊은이

“인생 중반기 후기청년에게는
다양한 미래가 펼쳐져 있다.

롤모델도 없고 멘토도 없는 최선봉에서 나침반도 없고

지도도 없는 여행을 나섰기 때문이다.”

가 있다. 가끔 SNS에는 일전을 벌인 무용담이 올라오기도 하고 서로 치고받는 공방이 뉴스에 오르내리기도 한다. 이런 과도기적 상황을 미리 예견한 MIT의 노년연구소에서는 몇 년 전 노인들을 이해하기 위한 특수 제작 의복을 선보이기도 했다. 갑자기 늘어난 노년인구로 인해 세대 간의 격차가 커지자 젊은이들로 하여금 노인들이 일상생활에서 어떤 장애가 있는지 체험해보자는 취지로 노화 체험 슈트를 제작한 것이다. MIT에서 제작한 슈트를 걸치면 어깨에는 짐을 진 것 같고 무릎은 뻣뻣하며, 눈에 고글을 써서 사물이 빨리 인식되지 않는 등 노화된 신체가 일상생활을 하는 데 느끼는 고통과 불편을 고스란히 느낄 수 있다. 노인들도 어차피 이 세상에서 젊은 당신들과 어울려 살아가는 동행자이니만큼 나이든 시민들을 이해하자는 취지가 담겨 있다.

그러나 '내 나이가 몇 살이니 나보다 어린 사람들은 다 뒤로 가라'는 접근은 앞으로 통용되기 어려워질 듯하다. 생로병사의 시기가 특정 연령대에 특정 스펙트럼으로 펼쳐지던 과거와는 달리, 의학 및 과학의 발달, 인간의 경험과 삶의 무게에 대한 관점의 차이는 각자의 신체적, 정신적 나이를 자의로 규정할 수 있도록 만든다. 해가 가면 저절로 한 살씩 먹는 숫자적 나이의 가산과는 별도로 자신의 진정한 나이를 직접 선택하고 지배하는 것이 가능해지기 때문이다. 이제 우리 주위에서도 30대처럼 보이는 50대, 40대처럼 활동하는 60,70대를 어렵지 않게 찾아볼 수 있다.

오스카 와일드는 '나이 드는 게 비극적인 이유는, 우리가 사실은 젊기 때문이다'라고 말한 바 있다. 마음속에는 아직도 소년소녀를 품고 사는데 숫자에 불과한 나이에 따른 행동을 강요하는 사회에 대한 일침이다. 나이와 세대에 대한 천편일률적 기대가 무너진다는 것은 결국, 외부의 압력으로 형성되던 '답다'와 '적령기'에 대해 우리 스스로가 결정권을 가짐으로써, 생에 대해 더 역동성 있게 주도적으로 대해야 한다는 뜻이기도 하다.

일례로 인간의 통과의례 중 삶에 가장 커다란 영향력을 미치는 가족관계를 들어보자. 우리를 둘러싼 환경들이 다 재구성되는데 이 부분만 예전 그대로일 리 없다. 이제 전통적인 남녀 부부만이 아니라 게이 레즈비언 커플도 부부로 점차 인정되는 세상이다. 독신자들의 점령이라 할 정도로 혼자 사는 1인가구도 급속히 늘어났다. 통계에 따르면 미국의 경우 성인 50퍼센트가 독신이며 한국의 경우 1인가구 비중이 25퍼센트를 돌파했다. 부부 두 쌍 중 한 쌍이 이혼한다는 통계로 보아 아이들이 생물학적 부모뿐 아니라 키워준 부모와 살게 되는 경우도 늘 것이고, 이로 인해 부모 자식 간의 관계도 변할 것이다. 삶의 패턴이 획일화되지 않기에 다양한 삶의 형태가 나타나고 있으며 그 새로운 방식들이 지난 세대에게 통용되던 '답다'와 '적령기', '통과의례'의 파괴를 촉진하는 것이다.

우리 앞에 놓인 인생 중반기의 궤적은 과거 선배 세대와는 사못 다른 포물선을 그려나갈 것이다. 롤모델도 없고 멘토도 없는 최선봉에서 나침반도 없고 지도도 없는 여행을 나섰기 때문이다. 그렇다. 우리가 쓰면 역사가 될 것이고 우리가 정하면 기준이 될 것이다. 멋지지 않은가?

자신이 만든 굴레

빗 속에서 추는 댄싱

물이 가득 차 있는 욕조가 있다. 한 정신과 병원에서는 이 욕조를 통해 환자에게 치료가 필요 없는지 보호시설에서 입원치료를 해야 할 것인지 판단한다고 한다. 환자를 욕조 앞으로 데려가 티스푼과 찻잔과 양동이를 제공하고 욕조의 물을 비우라고 한 뒤 관찰해보면 상태를 알 수 있다는 것이다.

"아, 보통 사람은 양동이를 사용하는군요, 스푼이나 찻잔보다 큰 걸로"라는 나의 반응에 이런 대답이 돌아왔다.

"아니요. 보통사람은 욕조 마개를 당겨서 물을 빼죠. 여기 시설에 방 하나 잡을까요?"

아차! 주어진 선택지에 갇혀 뻔한 해결책을 깜박했구나. 보통의 경우라면 주저하지 않고 욕조의 물을 빼기 위해 마개를 당길 것이다. 그런데 그 선택지 제거되지 않았음에도 나는 스스로 선택권을 제한했다. 아무도 금지하지 않았음에도 말이다. 이런 일은 일상에서 누구에게나 일어날 수 있다. 자기도 모르게 스스로에게 구속복을 입힌 채 혼자 눈치 보고 자기검열을 반복한 끝에 엉뚱한 결론을 내리는 경우 말이다.

몇 년 전 계획하고 바라던 커리어 이전 계획이 무너졌을 때도 그와 같았다. 불발 소식은 세상이 무너져 내리는 듯한 충격이었다. 40대 중반에 숙고해서 내린 결정이었고 충분한 기간을 두고 준비해온 터라 망연자실했다. 어리둥절이라는 표현이 맞을지 모르겠다. 그렇다. 시련이 닥친 것이다. 숙고하고 오래 공들인 탑이 무너지다니. 무엇보다 주위의 걱정들이 내 고통을 배가시켰다. 40대 중반의 내가 다시 새로운 도전을 할 수 있을까라는 전혀 생각지도 못한 질문까지 고개를 내밀며 괴롭히기 시작했다. 엄습해오는 초초함에 불면의 날이 잦아졌고 끼니를 자주 걸렀다. 전혀 나답지 않은 모습이었다.

돌이켜보면 커리어 전환에 관한 이슈는 언제나 내 인생을 따라다녔다. 20대에는 직장을 찾기 위해 애태웠고 30대에는 몇 번에 걸쳐 자리를 옮길 때마다 낑낑거렸다. 직장을 옮기거나 직업을 바꿀 때 어느 시기도 물 흐르듯 무난했던 적이 없었다. 잘 안 될 때면 잠시 숨을 고르고 '타이밍이 맞지 않았을 뿐이야'라고 대수롭지 않게 다른 선택지들을 둘러볼 여유를 되찾곤 했다. 늘 새로운 선택지는 있었고 어떤 결정은 매우 즉흥적이기까지 했지만 그 나름대로 의미 있는 시간을 보냈다.

그런데 유독 40대에 내가 스스로의 선택지를 제한시킨 이유는 무엇일까? 처음에는 사회의 압력이 나를 짓눌렀기에 이렇게 헐떡거린다고 생각했다. 세상이 '20,30대는 엎어져도 털고 일어나겠지, 또 일어나 제 길을 가겠지'라고 여겨주고, 40대에게는 '이제 주저앉으면 다시는 못 일어난다'고 겁박하기 때문이라고 말이다.

정녕 그러한가? 일부는 맞다. 그러나 '내가 이렇게 망연자실하고 의기소침해진 것은 다 너 때문이다'라며 전적으로 사회에 책임을 물을 수는 없을 듯하다. 정신병동 실험에서처럼, 결국 내 선택지를 제한하는 범인은 바로 나 자신이었기 때문이다.

이를 깨닫기까지 과정은 쉽지 않았다. 세간의 속설대로라면 그때가 내게 닥친 중년의 위기였으리라. 중년의 위기는 속설일 뿐이라며 일찌감치 젖혀놓았던 나에게조차, '아, 중년의 위기라는 것이 좋은 핑계가 되어줄 수 있구나'라는 생각이 스쳤다. '원래 그렇게 우울하고 기분 나쁠 시기니 잘 넘겨라'는 주변의 토닥임이 나쁘지 않았다. 그런데 여기에는 어마어마한 함정이 있었다. 세간에서 '중년의 위기' 증상이라고 규정짓는 다양한 심리적 증상들은 중년에 다다라 반드시 나타나는 연대순의 이벤트가 아니다. 어느 연령대에서건 유발요인이 되는 상황에 마주하면 닥칠 수 있는 심리적 경험으로 보는 것이 옳다. 어느 날 흰머리를 비롯한 노화의 증거가 자신의 몸에 나타날 때, 부모님이나 사랑하는 누군가를 노화로 떠나 보낼 때만이 아닌 다양한 촉발요인들이 늘 우리 곁에 있다. 촉발요인이 무엇이고 인생의 어느 시기에 나타났든 간에 우리는 멈춰서 여태껏 자신의 삶이 어떠했는지 반추하게 되고 그 반동으로 몸부림을 치며 묵은 것과 새로운 것의 균형점을 찾는 것이다. 다만 40,50대가 되어 그 경험이 깊고 풍요로워지면서 삶의 반추에도 무게가 실리고 묵직한 울림이 생기기에 그 요동은 짐짓 주변에 다소 확대되어 보일 뿐이다.

살다 보면 일어날 수 있는 다양한 우여곡절 중에 그저 한고비를 넘기며 다시 추슬렀을 뿐인데, '중년의 위기다'라고 규정해버림으로써 문제의 본질, 그러니까 나의 경우, 새로운 일을 찾아야 하고 앞으로 인생을 설계해야 하는 진짜 이슈가 뒷전으로 밀려났다는 점이 바로 그 함정이다. 나는 중년이기에 우울한 것이 아니었고, 중년이기에 루저라는 생각에 괴로운 것이 아니었다. 그런데 어느새 나의 핵심 고민은 왜곡되고 변질되어 왜 무엇 때문에 내가 힘든지에 대해 자신도 고개를 갸우뚱거리게 하였다.

이 어두운 동굴을 빠져나오는 데는 두 사람의 힘이 작용했다. 선배 S는 질식 직전이었던 내게 숨 쉬는 방법을 알려주었다. 조바심이 눈을 가리는 예들을 들어주며 목을 조르는 그 손을 놓고 크게 심호흡을 하라고 조언했다. 네 인생은 네가 제일 잘 아니 실질적인 조언이라는 거창한 목표 아래 이래라저래라 할 필요는 없을 것 같다며 그저 네가 네 목을 조르는 장본인이라는 것만 알고 있으라고 했다. 친구 N은 아무 말 없이 그저 내가 탁 트인 풍경을 볼 수 있도록 들로 산으로 바다로 데려다 주었다. 바깥공기를 마시자 나는 다시 숨을 고를 수 있게 되었다.

그때야 한 문장이 눈에 들어왔다.

"인생은 폭풍이 지나가기를 기다리는 것이 아니다. 그것은 빗속에서 춤추기를 배우는 것이다."

생각 한끝의 차이가 입맛을 되찾아주었고 밤잠을 되돌려주었다. 타이틀이나 세상의 시선 때문에 머뭇거렸던 일들에 대해 '빗속에서 나만의 댄싱'에 온전히 흠뻑 젖어보기로 한 것이다. 춤을 추기 위해 구름 한 점 없이 맑고 화창한 날만을 기다릴 필요는 없다. 한 스텝 앞으로 갔다가 한 스텝 뒤로 가는 것은 재앙이 아니라 '차차차'를 추는 것이라지 않는가! 그래, 빗속에서 춤을 춰보자. 그러자 안 보이던 것이 보이기 시작했다. 다시 새로운 선택지들이 떠올랐다. 그 이후로 나는 좀 더 자유로워졌다.

마음속 훼방꾼 다루기

이 경험을 통해 나는 두 가지를 깨달았다. 한 가지는 누구나 마음앓이를 한다는 것이다. 이 마음앓이가 일어나는 시기와 강도, 그리고 패턴은 마치 모든 사람의 지문이 각기 다른 것처럼 우리를 둘러싼 환경, 부닥친 상황 등에 따라 천차만별이다. 어떨 때는 마치 내 마음속에 나를 속이고 음모를 꾸미는 훼방꾼이 출동해, 실제상황의 전개와는 별도로 마음을 꼬아 놓기도 한다. 인생 중반기에 이르러 분명해진 것은 이전에 이미 겪었던 일이 또 닥치더라도, 그럴 때마다 마음앓이의 강도는 다 다를 수 있다는 점이다.

궁금한 것은 왜 누구는 심한 마음앓이를 하고 또 누구는 오히려 그 상황을 반전시키면서 팔팔해지는가 하는 것이다. 여기에 내가 깨달은 두 번째 지점이 있다. 주변인들의 눈에 40,50대에 마음앓이를 겪는 당사자의 행동은 짐짓 바보스럽고 충동적이며 억지스럽게 보일 수 있다. 이 행동들은 평소에 그답지 않게 보이기 때문이다. 그런데 내가 그런 마음앓이의 소용돌이에 있을 때 내게는 겉으로 드러나는 행동이 아닌 그 현상의 본질을 볼 수 있도록 해준 조언자가 있었다. 그들은 때로는 냉정하게 때로는 다정하게 내가 나의 상황을 객관적으로 볼 수 있도록 눈을 틔워주었다.

어느 책에선가 시인 고은 선생은 숨은 조언자에 관해 이런 글을 남겼다.

“어떤 사람에게든 그 사람을 성숙시키는 데 기여한 인상적인 숨은 자가 있다. 그런 숨은 자 가운데 제정러시아 말기의 철학적인 변혁운동가 모조로프도 있다.

그는 감옥에 갇혀 있던 20년을 제하고 난 나이로 그의 나이를 삼고 있다. 대자연은 내가 감옥에서 보낸 시간을 인정하지 않았다고 말하면서. 그렇듯이 그의 눈빛은 늘 새로웠고 그의 얼굴은 싱싱했다.“

자신의 영혼에 굵은 자취를 남긴 숨은 조언자로, 감옥에 갇혀 있던 20년을 제하고 난 나이로 자기 나이를 삼은 어느 사상가를 들며, 고은 시인도 그 조언에 따라 산다는 이야기다. 그 자신이 투옥과 석방을 반복하며 80세를 넘긴 고은 시인은, 80년쯤이야 어떤 우주의 괴물이 눈 한 번 끔뻑이는 순간에 불과할 수 있는데, 인간이 시간에 의미를 부여하니 새삼스럽게 나이에 구애받는지도 모른다고 말한다. 평범함과는 거리가 먼 인생을 살았기에 자신과 비슷한 경험을 한 누군가를 실제로 만나기 어려웠을 고은 선생은 책 속에서 그 경험을 공유하고 나눌 숨은 조언자를 찾고 시각을 바꾼 것이다.

이 시기를 겪는 사람들에게 한 번쯤 호흡을 가다듬게 해줄 조언자가 필요한 이유며, 우리가 서로서로 이야기를 나눠야 할 당위성이다. 물론 이 시기를 혹독하게 넘기는 누군가라면 전문기관을 찾아 심도 있게 상황을 개선하는 것이 필요할 수도 있겠다. 애써 꾹꾹 누르고 눌렀던 내면의 좌절과 불만이 자신의 인생을 방해하게 놔두어야 할 이유는 없다. 그런데 참으로 흥미로운 인생사는, 이 내면의 좌절과 불만이 바로 변화를 갈구하는 동력으로 작용하기도 하며, 자신의 새로운 인생행로를 개척하는 에너지로 치환될 수도 있다는 점이다. 이 분출하는 생명의 에너지를 진짜 삶의 시작으로 전환하는 우리 시대의 새로운 풍습이 여기저기 꿈틀대기 때문이다.

후기청년 용자勇者들에게서 배운 것

와튼스쿨의 스튜어트 프리드만 교수는 40,50대에 새로운 인생을 꿈꾸는 이들에게 3가지를 잊지 말라고 조언한다.

"할 수 있는 것 중에서 찾아라. 상황에 대한 당신 자신의 반응에 주목해라. 컨트롤할 수 없는 상황들에 불평하느라 인생을 낭비하지 마라."

프리드만 교수의 3가지 조언 중 동의하는 것은 '상황에 대한 당신 자신의 반응에 주목하라'는 부분이다. 앞서 살펴본 후기청년 용자들에게서 공통으로 나타나는 패턴이기 때문이다.

누군가는 우리의 인생살이를 야구의 '타자'에 비유한다. 삶이라는 그라운드에 유니폼을 갖춰 입고 타석에 선 타자에게는 날아오는 공을 처리할 의무가 지워진다. 끊임없이 날아오는 공을 향해

방망이를 휘두를 것인지, 그냥 놔둘 것인지부터 공의 변화에 어떻게 대처할 것인지에 대해 시시각각 판단하고 대응해야 한다. 공은 스트라이크일 수도 볼일 수도 있다. 때로는 시속 150킬로미터를 넘나드는 강속구로 꽂힐 때도 있고, 예상치 못한 변화구가 날아오는 일도 빈번하다. 타자로서 우리는 투수의 공이 어떤 변화구이든 받아낼 것이라고 가정한다. 때로는 번트를 대고 때로는 안타를 치며 그럭저럭 경기를 운영해간다. 모든 기회가 정확히 맞아떨어진다면 한 방의 속 시원한 홈런이 터지기도 할 것이다.

어쩌면 우리의 인생은 마치 타자처럼 날아오는 공을 어떻게 처리하느냐에 달렸을지도 모른다. 투수가 안타나 홈런을 칠 공을 던져줄 것이라 기대할 수도 없고, 피하고 싶은 공이 날아왔다고 해서 도망칠 수도 없다. 마치 인생을 살다 보면 갑자기 즐거움이나 기쁨, 공포와 좌절, 병마와 결별이 출몰하는 것처럼 다양한 변화구가 날아드는 것이다. 그런데 만약 타자가 어떤 변화구에는 자신이 없다면 어떻게 될까. 타자가 받아내기를 꺼리는 공의 형태를 알아낸 투수는 계속해서 그 볼을 던지려 할 것이다. 결국 타자는 출루도 하지 못하고 삼진아웃을 당하게 된다. 타자로서는 어떻게든 그 공을 요리해내야 한다. 무엇보다 중요한 것은 날아오는 공에 대한 자신의 반응이 상황을 결정짓는 중요 요소라는 점이다.

후기청년 용자들은 이와 같은 삶의 지혜를 깨달았고, 무슨 공이 날아오든 받아칠 마음의 준비를 하고 있었다. '상황에 대한 당신 자신의 반응에 주목하라'는 조건을 이미 체득했던 것이다. 그들의 인생에도 다른 사람들과 마찬가지로 때로는 환희의 공이 때로는 실패의 공이 날아들었다. 그들로 하여금 새로운 인생을 시작하게 한 공의 성격은 각양각색이었다. 누구에게는 허무함이 날아들었고 누구에게는 못다 이룬 꿈이, 또 다른 이에게는 세상을 향한 궁금증이 들이닥쳤다. 공통점은 그들 중 누구도 날아오는 공에 주저앉거나 우물쭈물 머뭇거리지 않았다는 점이다. 인생에는 다양한 변화구가 주어진다는 점을 대범하게 인정하고, 각자 나름대로 여러 투구패턴을 분석하며 자신만의 타격기술을 연마함으로써 상황에 대해 적극적으로 대응했던 것이다. 삶이 던지는 그 가늠할 수 없는 공들에 대해 어떻게 대응할지 스스로 주도권을 잡았다면, 제자리에 묶여서 옴짝달싹 못 하지도, 그저 속절없이 떠밀려 가지도 않을 수 있다. 그렇다. 지금 필요한 것은 '객관'이 아니라 '주관'이다. '누군가'의 객관적 의견이 아니라 '나'의 주관이 결정타를 만든다. 내가 할 수 있다고 해서 다른 사람이 할 수 있는 것이 아니며, 다른 사람이 할 수 없다고 해서 내가 할 수 없는 것도 아니다. 누군가가 무심코 던진 '불가능해'라는 한마디는 입을 다물고 꿈을 산산조각낼 이유가 되지 않는다. 불가능은 '사실'이 아니라 '의견'일 뿐이고 '영원한' 것이 아니라 '일시적인' 것에 불과하다.

후기청년 용자들의 또 다른 공통점은 '하고 싶은 일을 한다'는 것이다. 이 점이 프리드만 교수가 제시한 '할 수 있는 것 중에서 찾아라'와는 다르다. '할 수 있는 것'이라는 규정은 자칫 자신의 역량을 지나치게 가둘 수 있다. 만약 그 '할 수 있는 것'을 스스로 규정하는 기간에 외부로부터 압력이든 내면으로부터 자괴감에 의해서든 왠지 의기소침한 때라면 자신이 할 수 있다고 내세울 만한 일의 범위가 평소보다 훨씬 적어진다. 커리어 전환에 실패하고 질식사 지경이던 시절, 나는 일상에서든 일에서든 취미에서든, 대체 내가 할 수 있는 것이 무엇인지를 뚜렷이 떠올릴 수 없었다. 선택지 자체가 좁아지니 불안감은 더해졌다. 할 수 있는 것 중엔 하고 싶은 것이 없었고, 과거에 해온, 그러나 이제 더 이상 하고 싶지 않을 일들은 떠올리기조차 싫었다. 하고 싶은 것으로 시선을 돌리니 선택지의 리스트가 조금은 더 풍성해졌다. 내가 무얼 하고 싶은지 나열하는 동안 머릿속에서는 이미 궁전이 지어지고 뛰어노는 내가 보였다. 나름대로 기분이 전환된 셈이다.

그렇다면 '하고 싶은 일'은 어떻게 정해지는가? 우선 후기청년 용자들이 말하는 '하고 싶은 일'의 정의부터 다시 살펴보자. 그들이 말하는 '하고 싶은 일'은, 직장을 구하는 20대들에게 미디어에서 영혼 없이 입버릇처럼 말하는 '네가 하고 싶은 직업을 얻어라'와는 현격한 차이가 있다. 20대에게 '하고 싶은 직업을 구하라'의 경우, 밥벌이가 되는 일이라는 전제조건이 붙는다. 밥벌이가 되는 일 중에 하고 싶은 일인 셈이다. 하고 싶은 일은 적성, 재능, 전공과 연관이 있을 것이라 가정하고 이를 밥벌이가 될 만한 직업과 연결하면 대략 '하고 싶은 직업을 얻은 것'으로 간주한다. 물론 밥벌이는 세상 누구에게나 중요하고 고귀한 일이다. 밥벌이가 곧 하고 싶은 일인 경우가 우리 모두에게 허락된다면 직장으로 인한 불만이나 직업전환의 고민은 없을 것이다. 그러나 현실은 그렇지 않다. 후기청년 용자들은 밥벌이와 하고 싶은 일의 경계를 영리하게 구분 짓는다. 하고 싶은 일을 밥벌이와 연결하기도 하고 여의치 않으면 듀얼 모드를 작동한다. 밥벌이를 위한 시간과 하고 싶은 일을 하는 시간을 유연하게 처리하고 그 경험들을 기가 막히게 버무리는 것이다.

구체적으로 살펴보면, 이들의 '하고 싶은 일'은 상상에서부터 확연히 갈린다. 후기청년 용자들에게 '하고 싶은 일'이란 매우 구체적인 상상을 동원한다. 아침에 일어나야 할 이유를 상상하고 박제된 일상에 활력을 줄 무엇을 찾아 상상력을 한껏 펼친다. 스스로 상상력을 허락하고 나서 머릿속으로 시뮬레이션을 반복한다. 가끔 턱을 괴고 상상의 세계를 휘저으면서 현재와 미래를 알차게 살 에너지를 충전하는 것이다. 중요한 것은 이 과정에 다양한 '빈 공간'들을 배치한다는 점이다. 회계장부를 작성하듯, 자동차 내비게이션에서 흘러나올 듯한 촘촘한 계획서는 만들지 않는다. 그들은 인생에서 세렌디피티와 우연이 연출하는 반전과 스릴이 자유롭게 드나들고 숨을 틔워줄 빈 공간이 얼마나 중요한지 잘 안다. 시야를 넓게 트고 우연과 경이로움을 마주했을 때 언제든 반갑게 마주할 수 있는, 그리하여 잠깐의 퇴보에도 물 흐르듯 경로를 재탐색할 수 있는 여지를 허락한다.

후기청년 용자들이 '하고 싶은 일'을 하는 또 하나의 이유는 자신들이 두렵거나 지치지 않도록 무한한 동력을 얻을 수 있다는 점이다. 사람이 일생을 살며 과거, 현재, 미래라는 삶의 축을 떠올릴 때, 그 안에는 애증의 관계가 설정되어 있다. 현재에는 미래가 숨겨져 있고 또 미래는 현재가 만들어가지만, 떼려야 뗄 수 없는 이 시간 축의 유기적이고 역동적인 관계를 가늠하기란 쉽지 않다. 더구나 '복잡, 역동적, 불확실'로 요약되는 미래를 떠올리면 직관적으로 느껴지는 두 감정적 반응은 '두려움' 혹은 '희망'이다. '하고 싶은 일은 해보자'는 그들의 자세는 미래를 떠올리며 움츠러들 자신의 두려움을 다독이고 '자기가 좋아서 하는 일'이라는 신념은 지치지 않도록 의미를 부여해준다. 그들이 스스로 역사를 만들어내는 바퀴가 멈추지 않도록 에너지가 되어주는 것이다. 모든 갈망과 바람이 다 채워지리라는 기대나 그에 부응하는 일이 즉각적으로 일어나리라는 기대는 부질없을지라도, 실행이 전제된 희망을 품지 못할 이유는 어디에도 없다.

자기 자신과 절친이 되기

후기청년 용자들의 마지막 공통점은 자기 자신과 '절친'이라는 점이다. 생애를 통틀어 자신과 가장 많은 시간을 보내는 이는 누구일까? 미우나 고우나 이 행성에서 자신과의 동행은 바뀌지 않는 사실이다. 그런데 자기를 있는 그대로 받아들이고 평생 떼려야 뗄 수 없는 사이인 자신과 사이좋게 지내는 것이 말처럼 쉽지는 않다. 2014년 영국 하트퍼드셔대학교의 연구진들이 '행복습관 10가지'를 규명한 바 있는데, 조사에 참여한 이들이 스스로에게 가장 낮은 평가를 한 항목이 '자기를 있는 그대로 받아들이기'라는 결과였다. 예상보다 많은 이들이 자신과 사이좋게 지내지 못한다는 것이다.

자기 자신이 스스로에 대해 가장 지독한 비판자가 되는 현상은 일상에서 수시로 맞닥뜨린다. 때로는 점수를 짜게 주는 자기 평가에 섭섭하기도 하지만 부족한 자신의 면모를 조금씩 개선해가는 데 도움이 되기도 한다. 그러나 자신의 결점을 과도하게 부각하거나 비하하고 죄책감으로 몰아가는 것이 다름 아닌 자기 자신일 때 평생의 절친인 자신을 미워하게 될지 모른다.

한편 자기애에 빠져 '세상의 중심은 나'를 외치는 것도 자기 자신과 절친으로 지내는 것이 아니다. 극단적인 자기애에 함몰된 사람은 자기 자신과 남을 끊임없이 비교하며 자신을 있는 그대로 받아들이지 않는다. 감춰진 열등감을 자신에게조차 숨기기 위해 기회를 스스로 박탈하거나 일이 뜻대로 진행되지 않으면 감정조절에 실패하기도 한다. 이러한 왜곡된 관계는 스스로에게 핑계와 자만이라는 독을 뿌리는 결과를 가져온다.

하트퍼드셔대학교 연구팀은 자기 자신과의 관계는 타인과의 관계에도 영향을 미친다고 조언한다. 자기 자신과의 관계가 삐걱댄다면, 친구나 가족관계도 어긋나기 쉽다는 것이다. 자기 스스로와 좋은 친구일 때 타인과의 관계도 잘 가꿀 수 있다는 의미다. "무엇보다도 너 자신에게 충실하라. 그러면 밤이 낮을 자연스럽게 따르듯 다른 사람에게도 충실한 사람이 되지 않을 수 없으리라"라는 햄릿의 대사는 사실인 셈이다.

결국 자기 자신과의 관계도 여느 건강한 인간관계처럼 진실, 존경, 신뢰, 친절, 소통이 필요하다. 후기청년 용자들은 자신을 절친처럼 대하고 있었다. 이렇게 해야 한다 혹은 하지 말아야 한다는 의무와 강요로 자신을 윽박지르지 않으며, 자기 자신과 솔직하게 마주해 바람과 희망, 두려움과 좌절을 추슬렀다. '내 안의 나'가 지독한 비판자가 되어 사정없이 할퀼 때 스스로에게 이유를 묻고 설득하고 동의를 구하며 삶의 여러 굴곡들을 헤쳐나갔다. 지칠 때면 일으켜 세워주고 기쁠 때면 그 경이로움을 자축했다.

이렇게 후기청년 용자들은 자기 자신과 절친인 스스로를 동반하고, 그들이 합의한 '하고 싶은 일'을 향해 인생에서 주어지는 다양한 변화구에 대범하고 유연하게 반응하며, 생의 새로운 무대를 만들어가는 것이었다. 이 특징들의 공동작업이 바로 후기청년 용자들의 삶을 펄떡이게 한 새로운 인생 무대다.

어떤가? 삶을 재창조한 후기청년 용자들의 특징이 우리가 엄두도 못 낼 만큼 시도하기 어려운 것들은 아니지 않은가? 세상은 천재나 부자들에게만 기적 같은 변화를 허락하지는 않는다. 확률적으로도 기적은 누구에게나 공평하게 다가온다. 기적이란 '백만 번에 한 번' 일어나는 마법 같은 일, 아무나 쉽게 마주칠 수 없는 절묘한 생의 묘미로 여겨지지만 어느 수학자의 계산에 의하면 평범한 사람의 일생에서 기적은 '한 달에 한 번' 꼴로 일어난다.

케임브리지대학교의 수학자인 존 이든저 리틀우드 교수가 기적이 일어날 확률을 계산해 제시한 '기적의 법칙'에 따르면, 우리의 지각은 1초에 한 번씩 보거나 듣는 등 어떤 사건(이벤트)을 겪게 되는데, 수면시간을 제외하고 적극적으로 일상을 보내는 시간이 하루 8시간 정도라면, 결국 하루에 약 3만 번의 이벤트를 겪는 셈이고, 한 달이면 100만 개에 이르게 된다. 기적을 100만 번에 한 번 일어나는 일로 가정할 때, 우리는 평균 한 달에 한 번가량 기적을 기대할 수 있다.

기적 같은 일, 경이, 우연, 운명, 신의 계시라 불릴 만한 일들이 순간순간 우리 곁을 맴돌지만 그 사건이 발생한 시점의 내가 벌거벗은 눈으로 바라볼 준비가 되어 있지 않다면 우리 머릿속에 인식되지 못하고 그냥 바람결에 날아가버린다는 것이다. 결과적으로 무엇이 기적인지를 결정하는 사람은 우리 자신이며 누군가에게는 의미 없는 일이 나에게는 인생을 바꾸는 일이 될 수 있다.

때로는 우리 삶에서 마법 같은 순간들을 놓치고 있지 않은지 언젠가부터 나도 벌거벗은 눈으로 찾아다니고 있다. 꼭 기적이 아니더라도 삶을 바꿀 기회, 새판 짤 기회는 우리가 그저 느슨하게 기대하는 것보다 훨씬 더 자주 우리 곁을 스쳤을지 모른다.

특히나 이 시대 후기청년인 우리는 메소력을 토대로, 인생을 의미있고 Meaningful, 흥미진진하며 Exciting, 특별한 Special 기회 Opportunity로 만들어가는 때가 아닌가!

지금 이 순간, 이런 질문을 스스로에게 해보자.

"인생에서 주어지는 다양한 변화구에 나는 어떻게 대응하는 사람인가?"
"내가 진정으로 하고 싶은 일은 무엇인가?"
"나는 나 자신과 절친인가?"

당장 답이 떠오르지 않더라도 실망할 필요는 없다. 세상에 어떻게 대응하는지, 진정 하고 싶은 일은 무엇인지, 스스로와 절친이 되기 위해 무엇을 할지, 자기 자신과 대화를 나눠보자. 그저 소박한 대화면 된다. 연단에서 발표하듯 딱딱한 격식을 차릴 필요가 없다. 대화를 시작하자마자 물음표와 느낌표가 수없이 교차할 것이다. 좋은 징조다. 얽매어 있던 고정관념과 집착을 깨고 자유로워진다는 의미니 큰 발전이다. 좀 더 깊숙이 대화가 진행되면 핑계도 대게 되고 과장도 섞일 것이다. 그것도 좋다. 핑곗거리를 알아낸 것은 제거해야 할 방해물을 파악한 셈이니 수확이 크다. 과장 또한 흥미로운 대화에서는 필수불가결한 요소다. 내가 살아온 인생의 주인인 내가 소중한 내 인생을 돌아보거나 계획하면서 한 지점을 살짝 부풀려 편집하고 맛깔스러운 자막을 입혀 봉인을 해제한들 또 어떠랴. 그렇게 자기 자신과의 대화가 재미있어진다는 것만으로도 이미 절반의 성공은 확보된다.

밴티지포인트

"내가 일부러 그런 건 아니에요."

미국 최고의 아동 문학작가로 어린이 독자들의 열렬한 사랑을 받으며 40권 이상의 책을 쓴 작가 베벌리 클리어리 여사가 2016년 100세 생일을 맞아, 장수의 비결이 무엇인지 묻는 기자에게 만면에 웃음을 가득 담고 건넨 답이다. 100년을 살면서 쌓은 내공과 여유, 그리고 겸손이 느껴지는 대목이다. 여기에 더해 무어라 규정할 수 없는 '자유로움'마저 감지된다. 생을 향한 여정이라는 배를 저어 100년을 사는 동안 타인의 시선이나 낡은 관습에 얽매이지 않고 스스로가 정한 가치에 의해 노를 저어온 듯한 자유롭고 따뜻한 영혼이 은은히 뿜어져 나온다.

110세 이상의 사람을 일컫는 슈퍼센츄리언super-centenarian을 오랫동안 연구해온 스텐퍼드대학교의 스튜어트 킴 교수에 따르면, 현재 지구에는 53명의 슈퍼센츄리언이 살고 있다. 이들을 통해 건강한 장수의 비밀을 풀기 위한 유전적, 환경적 초석을 밝히려는 시도를 끊임없이 하는데, 슈퍼센츄리언의 공통점은 '다른 사람들보다 천천히 흐르는 시계'를 갖고 태어난 듯 보인다는 점이라고 한다. 그들은 60대일 때 40대처럼 보였고 90대가 되니 70대처럼 보였다며 평균보다 20세가량 젊어 보였다는 것이다. 중요한 점은 외모만 젊어 보였을 뿐 아니라 생각이 유연하고 삶을 대하는 태도가 달랐다는 점이다. 단지 장수에 대한 각고의 노력이나 나이에 대한 집착이 슈퍼센츄리언들로 하여금 건강한 110년을 누리도록 허락한 요인이 아닌 것은 분명해 보인다.

생에서 벌어지는 다른 모든 것들과 마찬가지로 나이도 우리 자신이 그것을 어떻게 보기로 선택했느냐에 따라 나머지 사건은 전개된다. 현실적으로 자녀를 부양해야 하고 부모를 돌봐야 하며 일개미처럼 사는 것이 짊어진 삶이라 해도 내면까지 그 틀에 갇혀 있을 필요는 없다. '무엇을 지켜보기에 좋은 위치'라는 뜻의 밴티지포인트에 따라 40,50대는 속절없이 인생의 반을 보내버린 시기일 수도 있고, 새로운 반을 멋지게 살기 위한 시작점일 수도 있다. 만약 후자의 시각으로 살아가기로 했다면, 이 시대를 살아가는 우리는 어쩌면 지도에 표시되어 있지 않은 미지의 영역을 탐험하는 중일지도 모른다.

물론 그동안 걸어온 길은 자신만의 암호가 부여된 특별한 지도가 되어 있을 것이다. 그 지도에는 타인들이 결코 상상도 못 할 만한 모험이 녹아 있고, 스스로 알아낸 지름길도 표시되어 있을 것이며, 장애물과 매복지형에 대한 표식도 남아 있을 것이다. 이 특별한 지도는 현재 당신이 떠나게 될 여정이, 지금껏 살아온 만큼 남아 있음을 알려주며, 어떤 지도로 완성될지는 당신에게 달려 있다고 말해준다.

그래서 후기청년을 어쩌란 말인가!

나를 심폐 소생시키지 마시오!!!

고백컨대, 나는 레너드 코헨 중독자다. '황홀한 저음'이라는 표현은 그를 위해 만들어진 게 아닐까 싶을 정도로 뒷골 어딘가를 울리는 그의 노래에서 도무지 헤어날 수가 없다. 캐나다 태생의 가수인 그에게는 음유시인이라는 별명이 따라다닌다. 싱어송라이터인 그의 노래 가사에서 그 별명의 유래를 짐작할 수 있다. 사실 그는 시와 소설을 써서 베스트셀러를 만들기도 했고 스페인 최고 권위의 문학상도 받았다. 한때 마약과 방탕한 생활을 하다가 60세가 넘어서는 불현듯 불교사찰에 들어가 5년 동안 승려의 길을 걸었으며 이후 태권도 수련을 했고 77세 때 낸 앨범은 전 세계

16개국 음반 판매 1위를 차지하기도 했다. 그의 인생 스토리는 그 자체가 소설이다.

70대 중반이던 2009년 런던에서 콘서트를 열자 전 세계 팬들이 몰려들었다. 중절모를 쓰고 〈아임 유어 맨〉 같은 히트곡을 부르는 그를 향해 관객들은 열광했다. 세월이 가미된 그의 외모와 목소리, 무대 매너는 40여 년의 가수 생활 중 지금이 전성기가 아닐까 싶을 정도로 매력적이었다. 〈반지의 제왕〉의 마법사 간달프 같기도 하고 해리포터가 다니던 호그와트 마법학교의 교장 덤블도어 같은 현자와 오버랩되었다.

2014년 9월 그가 80세 생일을 맞았다. 그는 79세 생일 때 한 인터뷰에서 '80세 생일을 담배와 맞겠다'라고 이야기했었다. 80세 생일날, 그는 정말 그간 끊었던 담배를 피우는 것으로 생일을 자축했다. "80세가 그간 내가 몸을 위해 멀리해왔던 나쁜 버릇들을 다시 누리기 시작해도 좋을 때라는 결론이다"라는 말과 함께.

이 사건은 곧 사회적 담론을 형성시켰다. 사람들은 서로에게 혹은 자기 자신에게 질문하기 시작했다. 그 질문은 우선, 사람들은 오래 건강하게 살려고 담배, 고칼로리 음식, 초콜릿, 술 등을 자제하는데 과연 인생의 어느 시기가 오면 그런 자제에서 벗어나도 좋은가라는 이슈로 모였다. 뒤이어 인간이 삶을 마감하는 시기를 스스로 정할 수 있는가로 확장되었으며, 마지막으로 자신의 생의 마감을 스스로 결정한다면 우리는 오늘을 어떻게 살아야 하는가로 이어졌다.

> "2030년, 나는 80세를 맞았다. 중대한 결정을 내려야 한다.
> 내 몸을 유지하면서 쇠약해진 일부만 수리할 것인지
> 아니면 이 몸을 버리고 새 몸을 장만할 것인지.
> 전신 재건 기술자body farmer가 내 유전자 정보로
> 건강하고 젊은 내 20대의 몸을 배양해서 완성해줄 것이니
> 그쪽으로 마음이 더 쏠리기는 한다."

구글의 미래연구자인 토마스 프레이가 2030년의 일상을 예측한 보고서에 담은 '죽음이 옵션이 될 때'라는 내용이다. 연구자들은 손상된 몸에서 의식과 기억을 안드로이드 신체에 이전시키는 것이 가능해질 시기를 2030년대로 예측하고 있다. 생로병사라는 공식을 스스로 깨지 않는 한 무한대로 사는 것이 어쩌면 가능해질지도 모른다는 것이다.

물론 훗날 이와 같은 일들이 일어날지 확실치 않다. 다만 인간의 수명이 길어지고 노년에도 다양한 방법으로 수명을 연장할 수 있는 의료기술이 발달하면서 서서히 자신의 수명에 대해 본인이 결정권을 갖고자 하는 목소리가 나오기 시작했다는 점은 분명하다. 네덜란드에 사는 91세의 넬 볼튼은 최근 쇄골 밑에 문신을 새겨 넣었다. 문신의 내용은 이러하다.

'나를 심폐 소생시키지 마시오!!! 나는 아흔한 살이오.'

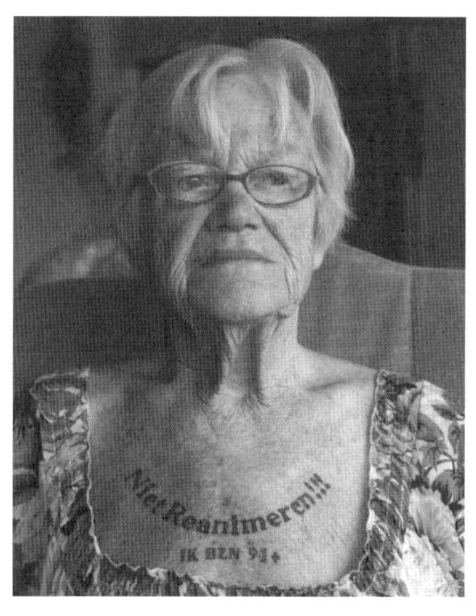

••• '나를 심폐 소생시키지 마시오!!! 나는 아흔한 살이오.' 자신의 주어진 수명을 인위적으로 더 연장하기를 원치 않는다는 의사표현을 명확히 한 것이다.

만약 자신이 죽음을 앞두고 의식을 잃을 때, 제세동기를 이용해 인위적으로 심폐를 소생시키지 말라는 것이다. 그녀는 쇄골 밑이야말로 자신이 쓰러져 누군가 어떤 조치를 취하고자 할 때 바로 그 희망사항을 알아볼 수 있는 곳이라 거기에 문신을 했다. '심폐 소생시키지 말라'는 문장 끝에는 느낌표를 3개나 달았다. 자신의 주어진 수명을 인위적으로 더 연장하기를 원치 않는다는 의사표현을 명확히 한 것이다. 삶의 마지막 순간을 무의미한 연명의료에 의지해 병상에서 식물인간 상태로 누워 보낼 이유가 없다며, 자신의 희망은 지금처럼 건강하게 살다가 한 번에 조용히 세상과 이별하는 것이라고 강조한다.

삶이 유한하다고 가정하고 인생을 살든, 아니면 이제 곧 기술의 발달로 영생의 몸을 가질 것이라는 생각으로 삶을 대하든 분명한 것은 이제 그 판단과 결정권이 일정 부분 자기 자신에게로 넘어오고 있다는 점이다. 신의 뜻, 운명 등의 작용이 여전히 평범한 우리들 마음에 자리하겠지만, 만약 생과 사를 스스로 결정해야 한다면 어떻게 할지, 그 결정은 현재의 자신에게 어떤 영향을 미칠지 누구나 고민하게 되는 시기가 이미 시작된 것이다.

올드토피아, 노인들을 위한 세상

미국 통계국의 고령화 세계 보고서An Aging World 2015에 따르면, 현재 전 세계 노인인구는 전체 인구 중 12.3퍼센트를 차지한다. 2030년까지 이 비율은 16.5퍼센트로 늘어날 전망이다. 이때쯤이면 지금의 40,50대 중 일부는 노년층으로 분류될 것이다. 2050년경 세계에서 노인인구 비율이 가장 높아질 것으로 예측되는 국가는 일본과 한국이다. 일본의 경우 노인인구 비율이 40.1퍼센트로 1위, 한국은 35.9퍼센트로 세계 2위가 된다는 것이다. 노인인구 비율이 7퍼센트에서 21퍼센트로 3배가량 늘어나는데 영국이나 프랑스 등은 100년에서 150년이 걸렸지만 한국은 단 27년 만에 그 수치를 능가했다. 세계에서 최단 기간에 노인인구 증가가 이루어진 곳이 한국이다.

스텐퍼드대학교 장수연구센터의 로라 칼스텐슨은 이 시대 노인들도 후기청년 못지않은 인생무대의 '개척자'라고 단언한다. 그들의 눈부신 활약에 비하면 젊은이들은 우왕좌왕 허둥대느라 삶을 제대로 살지 않은 것처럼 보이기까지 한다는 것이다.

올해 87세인 미국의 앨리스 카터는 작년부터 아프리카 모로코로 건너가 해외평화봉사대원이 되었다. 현존하는 최연장자 대원이다. 1960년대 케네디 대통령이 젊은이들에게 세계 평화에 나서라고 열변을 토한 연설을 들었을 무렵부터 꿈꿨던 일이 86세에야 실현되었다. 그때 당장 떠나지 못했지만, 앨리스는 여섯 자녀를 키우며 시민권리 운동이나 베트남전쟁 반대 등에 꾸준히 참여하며 살아왔다. 86세이던 어느 날 집 근처 모임에 참석했다가 1960년대에 평화봉사단에 참가했던 누군가를 만났고 반가운 마음에 이런저런 이야기를 나누게 되었다. 앨리스가 가장 묻고 싶은 질문은 '자격요건에 나이 제한이 있는지'였다. 나이는 문제가 되지 않는다는 답이 돌아오자 앨리스는 '빙고'를 외쳤다. 그리고 집으로 돌아와 곧바로 컴퓨터를 켜고 지원서를 작성해 보냈다. 몇몇 인터뷰와 건강검진을 마친 후 앨리스는 짐을 꾸려 집으로부터 수만 리 떨어진 아프리카행 비행기에 몸을 실었다.

평화봉사단원들 사이에서 앨리스의 인기와 명성은 엄청나다. 젊은 동료들이 늘 그녀와 함께 일하기를 원하고 그녀의 삶과 이전 일에서 얻은 경험을 얻어가기 위해 귀를 기울인다. 앨리스는 자신을 아껴주는 동료들에게 감사의 마음을 전하면서, "요즘 젊은이들은 어려서부터 경쟁하며 살도록 길들어 그런지 이런 곳에서조차 그런 성향을 보여요. 그런데 나와는 그럴 필요가 없으니 편해서 그러는 거겠지요"라고 덧붙인다. 앨리스는 임기만료일인 2017년 집으로 돌아갈 예정이다. 그녀는 말한다. 애초부터 세계 최연장자 해외평화봉사대원이라는 타이틀을 따기 위해서라든가, 무언가 불가능한 것을 이루겠다든가 하는 목표는 자신의 인생에 없었다고. 그저 나이가 몇 살이든 자신이 좋아하는 일을 할 수 있고 또 그 시간을 뼛속부터 온전히 즐길 수 있다는 것만이 중요하다고.

요즘 노인들의 삶에 대한 새로운 해석을 알 수 있는 대목이다. 앨리스처럼 노년기를 인생 어느 시기보다 더 활기차게 보내는 70,80대가 늘다 보니, 그들의 적극적 활약상은 세상의 여러 시스템에도 영향을 미치고 있다. 급진적인 연구가들은 '올드토피아Oldtopia'의 등장을 점치기도 한다. 올드토피아는 '올드old'와 현실에 없는 이상세계인 '유토피아Utopia'의 합성어다.

변화하는 지구촌 여기저기의 사회시설물들의 형태를 살펴보자. 몇 년 전부터 세계 곳곳에 노인들만을 위한 전용 놀이터인 '시니어 플레이그라운드'가 생기고 있다. 노년의 신체조건에 맞춰 설계 고안된 놀이터를 만들자는 아이디어는 처음 중국에서 시작되었지만 일본에서 활성화되었다. 지방정부들은 신생아 감소로 더 이상 놀이터에 뛰어놀 아이들이 태어나지 않아 텅텅 비자, 이러한 사회시설물들을 활용할 새로운 방안을 모색했다. 점점 줄어드는 아이들 대신 넘쳐나는 노인들을 위한 장소로 탈바꿈시킨 것이다. 이 아이디어는 세계적으로 퍼져 독일, 영국, 캐나다 등에도 시니어 놀이터가 등장했다. 유럽 국가들에 설치된 몇몇은 아예 어린 아이들의 출입이 금지되는 곳도 있다. 그네, 시소, 정글짐 등 각종 놀이기구가 노인들에게 맞춰 재구성되었을 뿐 아니라, 놀이터에는 정부로부터 고용된 강사들이 기구 사용법을 가르쳐주고 건강 강좌를 운영하며 노인들의 신체적 활동을 증진한다. 그런데 이곳을 찾는 노인들은 운동 자체보다도 '친구랑 놀기'가 더 큰 즐거움이라고 입을 모은다. 마치 그곳에 가면 이름을 알든 모르든 함께 어울려 해 질 녘까지 뛰어놀던 코흘리개로 돌아간 듯, 비슷한 또래 친구들과 스스럼없이 어울릴 수 있다는 것이다. 큰 웃음을 주고 새 친구를 사귀는 장소로도 활용되고 있다.

놀이터처럼 지역에 노인을 위한 시설을 갖춘 형태에서 한 발 더 나아가 아예 마을이나 구획 전체를 특수 기획한 도시도 있다. 네덜란드의 '디멘시아빌Dementiaville'이 그런 곳이다. 디멘시아빌은 치매라는 의미의 '디멘시아Dementia'와 거주지 구획을 일컫는 '빌

••• 노인들을 위한 놀이터는 큰 웃음을 주고 새 친구를 사귀는 장소로 활용되고 있다.

ville'을 합성한 단어다. 이곳은 중증 치매 노인들을 위해 맞춤 기획 도시로 현재 152명의 거주자가 있다. 치매센터처럼 환자를 돌보는 곳이 아니라, 치매노인들이 자유롭게 생활하는 집이자 마을의 개념이다. 미용실, 레스토랑, 쇼핑센터에 이르기까지 각종 편의시설이 갖추어져 있고, 이곳 거주민들은 자유롭게 자신의 일상을 영위한다. 치매로 인해 길을 잃기도 하고 일상에서 자질구레한 사고도 있지만 누구도 감금 생활을 하지 않는다.

곳곳에 첨단시스템이 설치되어 위험요소를 제거해주고 돌보미들을 비롯한 의사나 간호사가 이웃주민으로 살면서 다양한 상황을 처리해준다. 전문 의료진들은 유니폼을 입거나 강압적으로 거주민을 다루지 않는다. 눈에 띄지 않게 그저 골목에서 마주친 오랜 이웃처럼 다가가 늘 주의 깊게 건강을 체크하고 생활의 불편을 덜어준다. 디멘시아빌에 입주를 원하는 대기자는 계속 늘고 있다. 자발적으로 이곳을 선택해서 살고자 하는 초기 치매노인뿐 아니라, 부모가 치매를 앓더라도 행복했으면 좋겠다는 바람으로 이곳으로 모시고 오는 가족들도 많다. 이 마을은 어떤 나이대든 어떤 상황이든 자기 삶을 스스로가 가꿀 수 있도록 하는 것이 가능하다는 사례로 제시되고 있다.

스위스에도 치매 노인을 위한 마을이 건설되었다. 이곳은 현대식 도시 아파트단지 같은 주거 형태 대신에 1950년대 스타일로 꾸며 놓았다. 앞마당에 정원이 있고 대문은 낮으며 창문을 열면 지나가는 이웃들의 손인사가 보인다. 시간을 거슬러 노인들이 가장 편안하고 자유롭게 느끼는 1950년대를 거주지의 배경으로 만든 것이다. 현재 150명이 거주하는 이곳에서는 1950년대의 이웃집들처럼 어느 집이든 대문이 열려 있고 이웃은 아무 때나 친구 집을 방문할 수 있다. 병원이나 요양소 같은 분위기를 탈피하기 위해 정원사, 미용사, 가게 직원으로 분한 돌보미나 간호사들이 살가운 이웃으로 노인들을 돌본다. 이곳에 거주하는 노인들에게 한 가지 제약이 있다면 마을 밖으로 나갈 수 없다는 것뿐이다.

국가 차원에서 정책적으로 노년기 삶의 질을 주요 안건으로 다루는 현상도 확대되고 있다. 세계적으로 인구노화가 빠르게 진행됨에 따라 OECD국가들을 필두로 노년기 정책 정비에 한창이다. 평균수명이 길고 노인 인구가 많은 일본의 경우 노인정책은 늘 주요 이슈였는데, 최근에는 기술분야의 판도에도 영향을 미칠 정책을 추진하며 다각도의 변화를 모색하고 있다. 현재 약 4명 중 1명이 65세 이상인 일본에서는 90세면 늙은 나이가 아니다. 100세쯤은 되어야 장수를 축하한다. 노인들은 집에 틀어박혀 눈에 띄지 않는 존재가 아니라 동네 어딜 가나 만나는 이웃이다. 게다가 이들은 극히 왕성한 활동가 그룹으로 통한다. 지역의 다양한 행사에 가장 적극적으로 나서 봉사를 하거나 새로운 일들에 열심히 참여하는 그룹인 것이다. 이들은 은퇴의 벽을 허문 그룹으로도 통한다.

이러한 상황에서 점점 많아지는 노년 인구의 삶을 향상시키기 위한 해결책으로 일본 정부가 특히 주목하는 것은 로봇 돌보미다. 2013년에 일본 정부는 노년 돌보미 로봇의 연구개발을 위해 2,400만 달러 규모를 책정했고 이를 계기로 로봇 분야의 연구개발에 열기가 더해졌다. 소프트뱅크에서 개발한 인공지능 로봇 페퍼는 출시하자마자 6개월 만에 7,000대나 팔렸다. 세계 최초의 감정 인식 로봇으로 인간과 간단한 대화가 가능할 뿐 아니라, 칭찬에는 행복해하고, 아는 사람이 있으면 반가워하는 등 감정도 표현한다. 노인에게 필요한 일과들을 관리해주며 심부름도 척척하고 대화상대도 되어준다. 일본 정부는 로봇이 노인들의 독립적이고 자유로운 생활을 더 오래 지속하도록 하는 역할을 할 것으로 기대한다.

여전히 활동적으로 살아가는 전 세계 70대 이상 노인들을 연구해온 시카고대학교의 제이 올샨스키 교수에 의하면, 이들은 일종의 '반란군'이다. 곳곳에서 나이 차별에 항거하는 반란을 일으키는 중이라는 것이다. 올샨스키 교수는 이들의 반란군적 행태의 수혜자는 바로 이들보다 한두 단계 젊은 자기 세대라고 단언한다. 이들로 인해 그보다 젊은 세대들에게 더 많은 기회가 돌아올 것이며 더 넓은 세계가 허락된다는 것이다.

이런 세태에 맞춰 최근《MIT 테크놀로지 리뷰》에서는 70대까지도 일터를 지키는 미국 근로자들을 다뤘다. 현재 이들은 약 6퍼센트 정도인데 2022년까지 8.3퍼센트가 될 것으로 전망된다. 고령에도 일터를 지키는 이유는 다양했다. 건강을 유지하기 위해 퇴직 대신 일터에 남아 있고자 하는 그룹, 기존 직업을 계속하든 새로운 일을 찾든 하고 싶은 일을 하며 즐겁게 살기 위해서라는 그룹, 또 생활비를 충당하기 위해서라고 답한 그룹 등으로 크게 나눌 수 있다. 공통점은 이들이 스스로를 비슷한 나이대의 다른 사람들보다 정신적 육체적으로 더 건강하다고 여긴다는 점이다. 세계적 장수마을들을 찾아 다니며 그 비결을 추적했더니 건강한

100세 노인들에게는 은퇴라는 개념이 없더라는 작가 댄 부에트너의 결론이 이들에게도 적용될 것이다.

이렇게 노년생활 영위자들이 만들어내는 다양한 활동은 기업들에게도 근로자와 소비자를 대하는 방식과 시스템에 변화를 가져왔다. 많은 가전제품업체가 노인 소비자들이 사용하기 편리한 방식을 개발하기 위해 연구비를 늘리고 있다. 2020년 상용화 목표로 구글이 개발 중인 무인자동차의 최대 수혜자는 노인이 될 것이라는 예측이 우세하다.

고령 근로자에 대한 기업 내 노동 시스템의 변화도 한창이다. 독일의 BMW사는 고령 근로자들을 위해 사무실 바닥을 나무로 깔고 조절 가능한 의자와 특수 제작된 업무용 도구들을 배치해 제공하고 있다. 미국 대형 편의점인 CVS의 경우, '스노우버드' 프로그램을 가동해 북쪽 지방의 고령 근무자들이 겨울철에는 따뜻한 도시로 옮겨 일할 수 있도록 근무지를 조정해주고 있다. 전문가들은 나이에 대한 우리의 태도가 바뀜에 따라 원숙한 연령대의 근로자가 갖는 강점을 새롭게 평가하며 기업들이 성숙한 일꾼들의 강력한 편익에 대해 재인지하기 시작했다고 본다.

그런데 후기청년을 위한 정책은 없다

여러 나라에서 노년을 위한 사회정책을 논의할 기구를 갖추고 실질적 방안을 시도하고 있다. 고무적인 일이다. 우리도 나이를 먹고 언젠가는 노인이 될 것인데, 그 시기를 잘 보낼 수 있도록 사회가 시스템을 구축한다니 기대가 된다. 아마도 우리가 노년이 되어 있을 때쯤 진정한 수혜자가 될 것이다.

그런데 우리는 그날을 바라보며 손 놓고 기다리고만 있어야 하는가? 일생 전체를 놓고 보았을 때, 정신적 육체적 능력이 여전히 활발할 뿐 아니라 유형 무형의 리소스가 가장 풍부해지는 이 시기에 아이러니하게도 날개를 접고 움츠러들게 되는 이유는 무엇일까? 현재 40,50대인 우리 스스로가 직접 통과하는 이 시기에 대해 소극적이지는 않은가 짚어봐야 한다. 스스로를 '낀 세대'라 폄하하고 40,50대는 무력한 때라며 우울해 하고 무언가 마음에서 꿈틀대는 것을 행동으로 옮길 때 주변 눈치 보기에 급급하지 않은가 하고 말이다. '중년이니 그러하다'는 유효기간 지난 속설이 활개치도록 놔두는 것은 사실과는 다른 감정과 에너지를 소모하게 만든다. 시대를 반영하지 못한 통념에 기대어 새롭게 보려는 눈을 감아버리고 인생의 하일라이트를 그저 스쳐 지나가게 한다면, 훗날 '속설에 속았구나' 하고 깨달을 무렵 허망함이 엄습할 수 있다.

물론 우리가 삶을 개척하는 꿈을 행동으로 옮기지 못하는 것은 우리 자신만의 탓은 아니다. 우리가 멈칫거리거나 표류하게 되는 데에는 미심쩍어하는 사회적 시선, 뒷받침해주지 않는 시스템 등때문이기도 한데, 확실히 그러한 것들이 날개를 접는 데 쐐기를 박기도 한다. 청년기나 노년기의 누군가가 엉뚱한 일을 벌이고 용감하게 삶을 뒤집으면 응원을 아끼지 않으면서, 40,50대가 그렇게 하면, '저러다 폭삭 망하지' 하는 수군거림이 들리고, 새로운 꿈을 꾸는 누군가를 향해 응원과 지지 대신, 대열에서 이탈하는 낙오자로 보는 시스템도 한몫을 거든다. 우리에게는 어쩌면 사회적 관심뿐 아니라 존중도 결핍되어 있는지 모른다.

40,50대를 젊음에 대한 상실감과 노년에 대한 불안감을 끌어안고 새 세대에게 자리를 내어줄 준비를 하며 평안한 노후를 기다리기만 하는 시대로 규정해온 사회의 제반 시스템들을 대대적으로 개편해야 하는 이유다. 기존 정책은 대부분 지난 세기에 얼개가 만들어졌다. 지난 낡은 정책에 따르면 인생 중반기는 이 분야에서 천덕꾸러기다. 우리나라뿐 아니라 세계적 현상이다. 인류의 수명이 지난 몇십 년간 비약적으로 길어지고 생활환경과 삶의 패턴이 다양해졌음에도 시스템이 이를 재빨리 따라잡아 구축되지 못했기 때문이다. 미국의 경우도 인생 중반기 정책을 연구하는 연구자들조차 "인생에서 가장 긴 시간을 차지하고 가장 스펙트럼이 넓어지는 이 중대한 시기에 대해 세상은 어처구니없을 정도

로 관심이 없다"고 단언한다. 아동기, 청소년기, 심지어 노년기까지 적극적으로 연구하면서 인생 중반기에 대해서는 여전히 연구의 불모지라는 것이다. 무엇이 인생 중반기에 알찬 삶을 추동하는가, 왜 어떤 사람들은 이 시기를 더 활기차게 보내는가에 대한 답을 얻는 것이야말로 이 시대에 가장 중요한 화두임에도 불구하고 말이다.

후기청년이 과거의 중년상을 빠르게 재편하고 세상 여기저기서 변화를 이끌어가는 상황이 감지되자 미국은 이러한 흐름에 적극적으로 대비하기 위한 연구에 착수했다. 정부의 자금을 지원받아 생의 가장 광활한 기회와 우여곡절이 많은 이 기간에 대해 심도 있게 연구하고, 개인뿐 아니라 사회 전체를 위해 진일보한 해결책을 찾아보자는 것이다.

저녁이 있는 삶이든, 꿈을 찾아 떠날 수 있는 삶이든, 각자가 가치 있다고 생각하는 삶을 살도록 사회적 합의를 이루고, 자신의 삶에 대해 더욱 자유로운 발상과 성취를 할 수 있도록 뒷받침해주는 분위기야말로, 인생을 살며 자신의 주도하에 빛을 발하고 꽃을 피우도록 할 수 있는 가장 기본적인 조건이다.

이제 불붙기 시작한 후기청년의 삶을 풍요롭게 하기 위한 제반 시스템 구축은 아직 갈 길이 멀어 보이지만, 반갑게도 이미 후기청년들은 자발적으로 삼삼오오 커뮤니티를 구성하고 자신들만의 결사체를 통해 실험을 시작했다.

'열정, 재능, 잠재력으로 세상을 놀라게 하고 자신을 감탄하게 하는 것을 돕는 커뮤니티'를 표방하는 '세컨드 액트Second Act'는, 미국 전역을 다니며 40,50대들이 다양한 주제로 이야기를 나누고 더 나은 인생을 설계하는 데 서로서로 도움이 되도록 연결하고 있다. 이 커뮤니티를 이끌어가는 위트니 보스버그는 40대의 영상제작자로, 이 시기를 보내는 그가 다양한 사람들을 만나 자신 또래의 가능성과 열정을 직접 느꼈다며 커뮤니티의 취지를 설명한다. 평범한 40,50대가 놀라운 인생 이야기들을 직접 만들어내는 상황들을 보면서 그 끝없는 가능성에 눈뜨자 함께 그 물결을 만들어보자는 생각을 했다는 것이다. 이 커뮤니티를 통해 단순히 '인생에 제2막이라는 것이 있을 수 있구나'라고 눈뜬 사람부터, 여기서 만나 삼삼오오 새로운 도전을 함께 구상하는 프로젝트까지, 세컨드 액트는 무궁무진한 보물창고 역할을 하고 있다. 커뮤니티의 대문에는 이런 문구가 적혀 있다. '당신의 첫 번째 40년이 성공적이었든 아니든, 다음 두 번째 40년은 당신의 선택에 따라 정말 멋지게 만들 수 있습니다.'

이전에 성행했던 커뮤니티들이 대부분 중년의 위기라는 가설을 중심으로, 우울증 극복, 부부 간 불화 상담, 노후 준비 같은 이슈에 치중되어 있었다면 이제 새로운 주제들로 인생 새판 짜기, 진짜 인생 시작하기 등이 빠르게 자리를 꿰차고 있다. 이를 중심으로 다양한 인종, 문화, 계층이 용광로처럼 섞이고 정수를 만들어내는 온오프 커뮤니티나 공동체가 눈에 띄게 늘어간다.

우리나라에서도 다양한 매체를 중심으로 40,50대가 함께 배움, 삶, 놀이 등에 대해 경험하고 공유하는 커뮤니티가 늘어나고 있다. 페이스북을 중심으로 하는 인문학 공부모임이자 협동조합 형태로 지식과 지혜를 풍성하게 하는 커뮤니티인 '이문회우'에서는 다양한 직업과 연령대의 인생공부 학생들이 듣고 싶은 강좌를 들을 수 있도록 여러 강좌를 마련한다. 주축은 40,50대지만 더 연장자도 언제나 환영이고 젊은이들에게는 무료수강 같은 혜택도 주어진다.

2년 전 이곳의 초청으로 4주간의 강좌를 진행한 적이 있다. '15년 안에 당신에게 일어날 중요한 변화들'이라는 테마로, 미래 혁신 중 특히 생활밀착형 요소들을 뽑아서 살펴보며, 새로운 패러다임을 만드는 특이점들 및 기상천외한 발상을 시도하는 지구촌 곳곳의 신선한 아이디어와 도전을 통해 자신의 미래를 설계해보는 내용이다. 미래에 영향을 미치는 현재의 동력원을 알아낼 수 있다면, 현재의 선택들에 대해 더욱 선명한 밑그림을 이야기할 수 있음을 전제로 말이다.

수강생들 대부분이 40,50대일 것으로 예상하였기에 이들에 맞춰 강의 내용을 준비했다. 4주간 매주 화요일 저녁 하루일을 마친 수강생들이 합정동에 위치한 강의실에 모여들었다. 통상 3회 이상 연강을 진행할 경우, 그 자리가 인생을 살면서 좋은 붕우를 만나는 계기가 되었으면 하는 바람으로 강의 때마다 몇 명씩으로 나누어 간단한 자기소개 시간을 마련하곤 한다. 대부분 40,50대로 보이는 수강생 중에 약간은 더 연상으로 보이는 B가 눈에 띄어 자기소개를 부탁하자 그는 동네주민이라며 말문을 열었다. 산책을 하다 우연히 강좌소개 포스터를 보고 찾아와 수강신청을 했다는 것이다. 대부분 강좌정보와 수강신청이 페이스북으로 이뤄지는데 포스터도 효력이 있나 보다 생각한 순간, 그는 자신이 곧 70대를 앞두었다고 밝혔다. 강의실에 잠깐의 일렁임이 일었다.

68세 수강생을 맞을 줄 몰랐던 나는 그가 강의시간마다 신경 쓰였다. 혹여라도 개념이나 용어가 그에게 너무 낯설지는 않을까 걱정이 스쳤고, 경천동지할 새로운 테크놀로지를 설명할 때면 시선이 그를 향하게 되었다. 변화를 자신의 삶에 직접 개입시켜 그 변화와 역동성을 구체화하는 미래적응성 테스트를 진행하는 시간에는, 어쩌면 그에게는 다소 복잡하게 느껴질지도 모른다는 노파심에 수강생들이 테스트지를 작성하는 동안 그의 책상 옆에 가서 어슬렁거리기도 했다. 그는 놀라우리만치 모든 강의에 열심히 참여했다. 결석 한 번 없이 완주했고 다른 수강생들과도 스스럼없이 어울렸다.

4주간의 코스를 마친 후 우리는 모두 뒤풀이 자리에 모여 맥주 한 잔을 나누었다. 서로 자신의 미래에 대한 이야기가 오가던 중, B는 아내가 못 다니게 해서 그간 몰래 들으러 나왔는데 정말 잘

했다는 생각이 든다고 했다. 15년 후 자신은 80대일 텐데, 그때 저런 일들이 일어난다니 몹시 기대되고 앞으로 어떻게 살지 생각해보니 설렌다고도 했다. 이 강좌정보는 건물 앞 포스터를 보고 알게 되었지만, 강좌 소식을 페이스북을 통해 공유하니 요새는 페이스북에 가입해 둘러보는 재미에 푹 빠졌다고도 했다. 누군가 "인생의 어느 시기에 도달하면 나이로 사람을 구분 짓는 것은 쓸데없는 일인 것 같다"고 하자 다들 맞장구쳤다. 그 자리에서만큼은 적어도 40,50대나 60,70대나 삶에 대한 태도에 경계가 없었기 때문이다.

다른 수강생들은 각자가 관심 있는 수강정보를 그에게 들려주며 앞으로도 함께하자고 했다. 그는 우리 또래를 '젊은 분들'이라고 칭했다. 확실히 그에 비하면 우리는 젊은이들이다. 그는 우리 또래들에게서 많은 것을 얻어 간다며 40,50대를 친구로 사귀어 새 세상을 알게 되었다고 했다. 대학생 자녀를 둔 40대 후반 수강생 K가 "본의 아니게 우리가 좋은 일은 한 것 같다"고 말하자 웃음보가 터졌다. 요즘은 중년의 위기가 청년들에게 나타나는 것 같다며, 젊은이들이 20대에 부모 세대들이 했던 걱정을 너무 일찍 맛보게 되어서가 아닐까라고 자신의 20대 때와는 확연히 달라진 요즘 20대의 고민에 안타까움을 표했다. 학자금 대출, 솟구치는 집값과 생활비, 바닥을 치는 취업률이 젊은이들에게 진짜 '위기'를 가져온 현 상황을 볼 때 K의 의견에 고개를 끄덕일 수밖에 없었다.

어느 세대든 자신들의 어깨에 올려진 짐들은 그 양상이 달라지곤 한다. 지금의 20대가 우리 나이에 도달할 무렵이면 그들의 고민은 지금 우리의 그것과 상당한 차이가 있을 것이다. 우리가 지금, '40,50대에 과연 인생의 새판을 짜는 것이 가능한가'를 두고 하는 수많은 고민이, 그들의 40,50대에는 너무나 당연해서 언급조차 할 필요가 없는 사실로 받아들여질 수도 있다. 그러니 우리가 언제든 새로운 인생을 활기차게 살 수 있다는 선례를 보여줌으로써 20대 젊은이들에게도 추슬러볼 배짱이 생길지도 모를 일이다. 이래저래 이 시대 후기청년의 인생은 중요하다.

우리가 고민해야 할 것들

한국에서 5년째 사는 미국인 친구 O가 자신이 제일 재미있다고 생각되는 한국말 표현 두 개를 꼽았다. 먼저 '입이 궁금하다'는 표현이다. 처음 한국어를 배울 때 도저히 이해가 되지 않아 한국인이 영어 숙어를 외우듯 외우고 또 외웠다고 한다. 그런데도 막상 일상에서는 사용할 수가 없어 늘 언젠가 써먹어야지 하고 기회를 노렸는데, 한국 사람들과 대화를 하다 자연스럽게 나오는 이 표현을 듣다 보니 세상에 이렇게 상상력 넘치고 재기발랄한 표현이 있을까 싶다고 한다.

밥때는 아닌데, 딱히 배고픈 것도 아닌데, 무언가 먹고 싶을 때 우리는 '입이 궁금하다'는 표현을 쓴다. '궁금하다'를 국어사전에서는 '무엇이 알고 싶어 마음이 몹시 답답하고 안타깝다'라고 풀이해 놓고 있다. O는 어떻게 입이 궁금할 수 있는가에 대한 궁금증을 해결하기 위해 어원도 찾아보고 나름 깨우치기 위해 노력했다. 그런데 입이 궁금하다는 것은 입에 대해 알고 싶어 마음이 몹시 답답하고 안타까운 상태가 아니더라는 것이다. 입이 나서서 해결해야 하는 궁금증인 셈이다. 그 궁금증은 입에 전권을 줌으로써 해결된다. 입이 주체가 되어 상황을 해결하는 것이다. 많은 표현이 '나'로 시작되는 영어 문화문화권에서는 선뜻 알아채기 힘든 표현이다. 입이라는 신체기관이 나를 대변하도록 하고 그 표현마저 노골적인 '먹고 싶다'가 아닌 미스터리함을 자극하는 '궁금하다'라니 이 얼마나 시적이며 은유적인 표현인가라며 O는 한국 사람들이 그토록 탁월한 상상력과 표현력을 가진 이유를 알겠다고 감탄했다. 이제 자신이 그런 상태일 때 이보다 더 좋은 표현을 찾지 못하겠다고 덧붙이면서 말이다.

O가 꼽은 다른 표현은 '나이를 먹는다'는 것이다. 먹는다는 행위는 배가 부르다는 상태와 연결되는 포만감을 향한 행위다. 그런데 나이를 먹으면 포만감을 느끼고 배가 부른가? 나이를 먹어 살이 되고 피가 되는, 그리하여 자라게 하고 튼튼하게 하는 행위는 아기가 성인이 될 때까지만 적용되는 것 아닌가? 성년기 이후 나

이를 먹는다는 것은 쓸데없는 군살을 늘리는 행위로 여겨지고 있지 않은가? 본능이자 큰 기쁨을 주는 행위인 '먹는다'를 나이에 붙이는 이유는 무엇인가? 나이듦을 재앙으로 생각해온 서구인의 눈에는 더욱 신기하게 느껴졌을 것이다. '먹는다'에는 자기주도적으로 허기를 채우기 위해 행동한다는 자발성이 내포되었다. '나이를 먹는다'고 표현함으로써 나이듦을 주체적인 것으로, 그리고 노력해서 얻을 수 있는 것으로 간주한다. 게다가 먹는다는 행위는 부차적으로 잘 먹었는지 못 먹었는지를 판가름할 수 있도록 여지를 준다. 다른 음식을 먹는 행위와 마찬가지로 나이도 잘 먹었는지 못 먹었는지 가늠할 수 있으며 나이도 잘못 먹으면 탈이 날 수 있음을 내포하는 것이다. 나이듦에 대한 통찰을 한국어에서 찾았다는 O는 40대가 되니 자신도 나이를 잘 먹어야겠다는 생각이 든다고 말한다.

나이와 그에 대한 생애주기별 범주는 시대가 지남에 따라 계속 갱신되어왔다. 여전히 우리 머릿속에는, 20대 이전은 미성년, 40,50대는 중년, 60세 이상은 노년이라는, 60대가 평균수명이던 시절의 분류가 잔류해 있다. 그런데 유엔이 2015년 초 발표한 새로운 생애주기별 연령지표에 의하면, 이제 더 이상 예전의 분류는 무용지물이 될 듯하다. 인간의 평균수명이 거듭해서 길어졌음을 고려해 제시한 새로운 생애주기별 연령지표에 따르면 미성년자는 0세부터 17세까지, 청년은 18세에서 65세까지, 중년은 66

세에서 79세까지, 그리고 노년은 80세에서 99세까지다. 장수노인이라는 범주가 생겨 100세 이상 인류에게 주어진다. 이 새로운 기준에 의하면 40,50대를 포함 60대 중반까지는 중년이 아닌 '청년'이다. 아직은 이 새로운 분류가 낯설지만, 적어도 이제 60세를 장수의 홍복을 누리는 회갑이라고 여기던 시기에 분류한, 20세 청년, 40대 중년, 60세 노년의 규정은 끝이 났다.

전 세계 많은 연구가 이를 뒷받침하듯 100세 시대에 대한 구체적 전망을 하고 있다. 시사지 《타임》은 2015년 초, 커버사진으로 아기의 얼굴을 내보냈다. 2015년 태어난 아기들은 앞으로 142세까지 살 수 있을 것이라는 표제어가 달려 있다. 인간의 수명을 1.77배가량 늘리는 특정 약물이 개발되고 있다는 소식과 함께 현

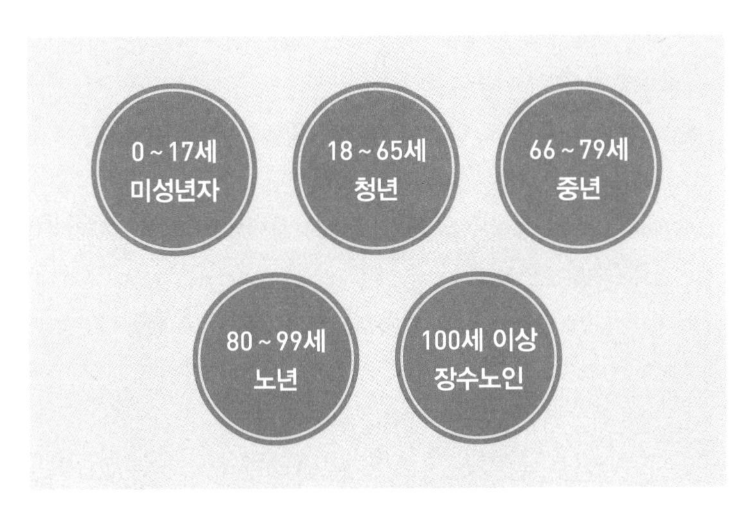

••• 100세 시대, 유엔의 새로운 생애주기별 연령지표

재 평균수명을 80세라 가정하면 이 아기가 약물을 복용할 경우 142세까지 사는 것이 가능하다는 것이다.

100세까지, 아니 100세 넘어 살게 될지도 모른다는 현실은 사람들을 적잖이 당황스럽게 했다. 길고 힘없는 노년을 떠올리기 때문이다. 그런데 『100세의 삶』의 저자이자 런던비즈니스스쿨 교수인 앤드류 스캇의 반문은 의미심장하다. "왜 우리의 삶에서 힘없는 노년기가 길어졌다고 생각하는가? 사실은 젊은 시절이 더 길어진 것인데?"

영국의 학자 피터 래슬릿은 『인생의 새 지도』라는 책을 통해 '제3의 나이'라는 콘셉트를 소개했다. 그에 따르면 인생은 총 4개의 나이대로 구분된다.

- **제1의 나이: 출생 후 대략 30세까지로 의존적이고 미성숙하며 사회화와 교육을 마치는 시기다.**
- **제2의 나이: 책임감을 갖고 독립적으로 가정과 직장 등 삶을 꾸리기 시작해 소득과 소비의 과정을 경험하는 시기다.**
- **제3의 나이: 삶의 진정한 의미를 누리고 정체성을 확보하며 개인적인 성취를 거두는 단계다.**
- **제4의 나이: 인생을 정리하고 죽음이 임박하는 단계로 생이 다할 때까지다.**

눈여겨봐야 할 점은 래슬릿의 인생에 대한 주기별 구분은 구체

••• 2015년 태어난 아기들은 앞으로 142세까지 살 수 있을 것이라는 표제어가 담긴 《타임》 표지.

적 나이와 상관없이 사람마다 다르다는 것이다. 제1,2의 나이대는 누구나 비슷할 수 있지만 특히 '제3의 나이'는 아무에게나 주어지지 않는다고 보았다. 예전의 기준으로라면 제3,4의 나이를 한데 묶어 같은 범주에 넣겠지만, 실제로 같은 나이라도 정신적 육체적으로 건강한 사람은 제3의 나이를 누릴 수 있다. 그렇지 않으면 제2의 나이에서 바로 독립적으로 생활하기 어려운 의존적 시기인 제4의 나이로 옮겨간다는 것이다. 그는 제3의 나이를 새로운 단계로서 인생의 절정기라고 제안한다. 일생을 통틀어 삶에서 진정 '제대로 살아본다'고 할 수 있는 시기는 이때뿐이라는 것이다. 어찌 보면, 제1,2의 나이대에는 삶의 많은 부분이 외부로부터 주어지거나 어쩔 수 없이 떠밀려 자신의 목적과는 상관없이 흘러갈 수도 있다. 가정과 직장의 요구에 부응하느라 자기 자신의 소리에 귀 기울일 시간을 내는 데 스스로 옹색할 수도 있다. 태어나면 너 나 할 것 없이 모두가 매년 한 살씩 나이를 먹지만, 누구는 제3의 나이를 누리고, 누구는 바로 인생 마지막 시기인 제4의 나이로 직행한다는 래슬릿의 인생 지도 구분은 많은 생각을 불러일으킨다. 제3의 나이는 나이를 잘 먹은 사람들만이 누릴 수 있는 특권일 것이다. 나는 제3의 나이를 누릴 수 있을 것인가? 나는 나이를 잘 먹고 있는가?

지금의 40,50대가 나이를 잘 먹는 방법은 이전 세대에 통용되던 방법들과는 확연한 차이가 있다. 우리의 40,50대는 이전 시대와는 다른 격동기를 보내는 것이다. 'No single life stage'로 요약되는 '적령기'와 '~답다'의 파괴가 가속화되어, 생의 다양한 이벤트들이 이제는 과거처럼 특정 연령에 닻을 내리고 있지 않다. 이 시대의 가장 두드러진 사회적 현상 중 하나가 새로운 생의 단계로 옮아가는 사람들이 급격히 늘어났으며, 삶의 패턴이 획일화되지 않기에 다양한 삶의 형태가 보인다는 것이다.

이 다양한 삶의 무대들 중 자신은 어떤 것을 택할지 스스로 결정해야 하는 것이다. 후기청년 용자들처럼 이미 주도적으로 자기만의 무대에 오른 사람들도 있고 이제 그 무대를 고르는 사람도 있다. 스스로가 살고 싶은 라이프 스테이지와 그에 맞는 행태들에 대한 고민을 시작한 사람들이다.

자신만의 라이프 스테이지를 고르고 새로운 무대에 오르기로 했다면 작전이 필요하다. 작전을 위해서 '3가지 F'를 미리 갖추면 훨씬 수월하게 자신만의 무대를 찾아 주연으로 활약이 가능하다.

첫 번째 F는 자유로움을 의미하는 Freedom의 F다. 40,50대가 쇠락의 단계에 들어가는 입구라는 통념으로부터의 자유로움, 정체 없는 막연한 두려움을 떨치고 스스로가 자신 내면의 샘을 다시 솟구치게 할 자유로움을 의미한다. 이로써 자신 안에 단단히 자리잡던 의무관리자 혹은 독재자의 요구에 무작정 복종하지 않을 수 있다. 이 자유로움은 남의 눈을 의식하느라 평생 순응해왔던 짐을 벗어 던지는 것을 의미할 뿐 아니라, 주변의 누군가를 그러한 상태로부터 구출해 자유롭게 해주는 것을 포함한다.

두 번째는 동지 혹은 도반을 의미하는 Friend의 F다. 인간이 무리를 지어 살아가는 데 가치를 부여하는 전제 조건인 '누구와'는 여기에도 적용된다. 산스크리트어로 '하나뿐이며 유일한'을 뜻하는 이름을 가진 세계 최장수 거북이 아드와이타가 2006년에 256세로 죽자 전 세계에 애도의 물결이 일었다. 1750년에 태어나 3세기를 살다 죽은 것이다. 이 무렵은 세계적으로 인간 게놈과 유전자 조작으로 인류의 수명을 연장할 수 있다는 논의가 뉴스를 장식하던 때였다. 인간도 3세기를 살 수 있게 되는가와 맞물려 아드와이타의 부고는 인구에 회자되었다. 그런데 이들 기사에 달린 전 세계 사람들의 댓글이 의미심장하다. 자신도 3세기를 살고 싶다든가 이제 곧 그런 날이 오리라는 희망이 아니라, 아드와이타를 향해 하나같이 "혼자 외로워서 어떻게 견뎠니?", "저세상에서는 하나뿐이며 유일하게 살지 말고 친구들과 함께 살렴"이라는 댓글이 주를 이룬 것이다. 사람들은 아드와이타가 오래 살았다는 것보다 '혼자 살았다'는 것에 방점을 두고 기사를 읽었던 것이다. 혼자 오래 사는 삶은 죽음이 올 때까지 견디는 것으로 바라보게 되고 나만 이 세상에 덩그맣게 남는 것은 그 누구도 원치 않더라는 점이다. 그렇다. 우리에게는 한 사람도 좋고 여럿도 좋고 작전을 함께 모의할 콤비가 필요하다. 그렇다고 모든 사람들과 진하고 뜨거운 인간관계를 유지하고 살겠다는 바람은 접어두자. 이런 바람은 이상적이긴 하지만, 도전과 모험과 삶의 의미를 찾는 시기에는 자칫 자상을 입히는 무기가 되기도 하고 생활을 공허하고 불안정한 것으로 만들어버리기도 한다. 함께 도를 닦는 벗처럼 때로는 지혜롭게, 함께 일상을 즐겁게 만드는 에피소드를 공유하는 친구처럼, 세간의 근거 없는 우려에 자꾸 작아지고 움츠러드는 자신이 쉽사리 항복하지 않도록 버팀목이 되어줄 든든한 지원군을 찾고 맺고 연대하자.

후기청년을 위한 3F

자유로움 Freedom

도반 Friend

생생한 경험을 얻는 곳 Field

세 번째 F는 생생한 경험을 얻는 곳을 의미하는 Field의 F다. 누구에게나 다 들어맞는 것은 없음을 알 만큼 우리는 세상을 살았다. 누구도 나 자신에게 꼭 맞는 그 무엇을 대신 찾아줄 수는 없다. 남과 비교하거나, 어딘가에 있을지도 모를 모범답안에 기대는 것이 아니라 자신에게 맞는 것을 오롯이 스스로의 감각을 통해 모아 가는 것은 이 시기가 아니면 얻을 수 없는 자산이다. 울림 있는 경험이야말로 삶을 풍성하게 채우는 화수분이다. 결국 팔을 걷어붙이고 직접 부딪쳐야 자신만의 혜안과 직관을 얻게 된다. 해보지 않았기에 두려울 수도 있지만, 하고 나서 후회할지언정 날것과의 부대낌이 있어야 삶이 달라질 수 있다. 새로운 인생무대는 하루아침에 만들어지지 않으며 단순히 돈으로 때울 수도 없다. 일상에서 알아서 처리되는 일이 많아지고 인생은 점점 길어지는데, 이 인생을 감칠맛 나게 살아내고 싶은 자신이 가장 얻고 싶은 경험이 무엇인지 솔직하게 마주하고 뛰어들어보자.

묶여 있던 내면의 사슬을 풀고 동지를 만들며 생생한 경험에 직접 부딪히는 3F를 통해 자신만의 새로운 무대는 서서히 완성되어갈 것이다. 이제 다시 꽃핀 슈퍼사춘기를 활짝 안고 흠뻑 즐기는 일만 남았다.

인생은 눈 깜짝할 사이에 알 수 없는 시간과 공간의 영역으로 흘러가버린다. "오랫동안 나는 조금만 있으면 인생이, 진짜 인생이 시작될 것이라고 생각했다. 하지만 매번 장애물이 있었다. 먼저 처리해야 할 문제가 있었고, 더 손봐야 할 일이 남아 있었으며, 갚아야 할 빚이 있었다. 진짜 인생을 시작하는 것은 늘 그다음이었다. 그러다 나는 이 장애물들이 바로 내 인생이었음을 깨달았다." 철학자이자 작가 알프레드 디 수자의 고백처럼, 인생에 지금 말고 '더 좋은 때'란 없다.

당신의 진짜 인생이 시작된다

4050 후기청년

초판 1쇄 인쇄 2017년 1월 18일
초판 1쇄 발행 2017년 2월 1일

지은이 송은주 | **펴낸이** 신경렬 | **펴낸곳** (주)더난콘텐츠그룹

본부장 이홍 | **기획편집부** 남은영 · 김지환 · 허승 · 이성빈 · 이유나 · 이원희
디자인 박현정 | **마케팅** 김민수 · 장현기 | **관리** 김태희 | **제작** 유수경
책임편집 김지환

출판등록 2011년 6월 2일 제2011-000158호
주소 04043 서울특별시 마포구 양화로 12길 16, 더난빌딩 7층
전화 (02)325-2525 | **팩스** (02)325-9007
이메일 book@thenanbiz.com | **홈페이지** http://www.thenanbiz.com

ISBN 978-89-8405-877-4 03320